沈阳师范大学法学学术文库

SHENYANGSHIFANDAXUE FAXUE XUESHU WENKU

劳动合同效力研究

杨　彬◆著

中国社会科学出版社

图书在版编目（CIP）数据

劳动合同效力研究/杨彬著．—北京：中国社会科学
出版社，2011.3
ISBN 978-7-5004-9506-2

Ⅰ．①劳…　Ⅱ．①杨…　Ⅲ．①劳动合同法－研究
Ⅳ．①D912.504

中国版本图书馆 CIP 数据核字（2011）第 015749 号

责任编辑　雁　声　蔺　虹
责任校对　李　莉
封面设计　大鹏设计
技术编辑　戴　宽

出版发行　**中国社会科学出版社**
社　　址　北京鼓楼西大街甲 158 号　　　邮　编　100720
电　　话　010－84029450（邮购）
网　　址　http：//www.csspw.cn
经　　销　新华书店
印　　刷　新魏印刷厂　　　　　　　装　订　广增装订厂
版　　次　2011 年 3 月第 1 版　　　　印　次　2011 年 3 月第 1 次印刷
开　　本　880×1230　1/32
印　　张　7.125
字　　数　185 千字
定　　价　26.00 元

总　序

以前，我对沈阳师范大学知之甚少，实属孤陋寡闻。自从沈阳师范大学法学院的单晓华教授加盟法学所博士后流动站后，我作为她的合作导师，才开始逐步了解、关注这所具有悠久历史的学府。在沈师大校庆 60 周年到来之际，沈阳师范大学法学院隆重推出"沈阳师范大学法学学术文库"，法学院领导希望我能为之作序，虽明知难当此任，但却之不恭，不如从命。

早在新中国成立之初，根据中共中央七届三中全会的部署，国家对当时的教育和科学文化事业进行了调整和改造，即调整一批老式高等院校，建立一批新式社会主义高等院校，东北教育学院——沈阳师范大学的前身就在这样的历史背景下成立了。

沈阳师范大学法学院也经过近二十年的发展与变革，取得了丰硕的成果和骄人的业绩。1996 年 4 月，经国务院学位委员会批准，法律系取得了民商法学硕士学位授予权，成为当时全国高等师范院校中第三个法学硕士学位点。2007 年 4 月民商法专业被辽宁省委宣传部批准为省哲学社会科学重点建设学科，2008 年 3 月民商法专业被辽宁省教育厅批准为省重点培育学科，2009 年 3 月民商法专业被辽宁省教育厅批准为省优势特色重点学科，尔后又分别取得法学理论、诉讼法学硕士学位授予权。2007 年 5 月又获得法律硕士专业学位授予权。经过沈阳师范大学法律人的不懈努力，学科建设取得一定成绩并初具规模，积累了大批优秀的科研成果，形成了自己的特色和优势。

在沈阳师范大学法学院的教师队伍中，活跃着一批学历高且富有朝气的年轻学者，他们颇具法学素养，潜心学术研究；他们热爱三尺讲台，勤勉教书育人；他们关注国计民生，重视法治实践；他们开阔国际视野，借鉴他山之石。沈阳师范大学法学院的广大教师在平时的教学耕耘与学术研究中收获了累累硕果。在此基础上，他们决定编辑出版"沈阳师范大学法学学术文库"系列丛书，这既是对沈阳师范大学 60 华诞的一份厚礼，也是对这所辽宁法律教育与学术研究的重镇所取得成就的一次检阅。我希望这套法学文库能够成为后来者在法学研究和法律教育的道路上继续攀登的阶梯，更希望通过这些文章，能够向热爱法学、崇尚中国法律研究的读者展示沈阳师范大学的治学精神与科研传统。

《中庸》论道："博学之、审问之、慎思之、明辨之、笃行之"，阐释了学术研究探索真理的精神以及达到知行合一境界的必由之路。从对世界历史进程的审视与洞察来看，社会发展、科学昌明、思想进步，制度革新，从来都离不开法学研究的力量与成就的滋养与推动。

　　一所优秀的综合性大学是国家与社会发展中一种不可或缺的重要力量，而法学研究的水平则体现了中国社会主义法治的发展程度和综合实力，是社会进步、法制文明的重要标志。因此，一所大学的学术氛围，不仅在很大程度上影响和引导着学校的教学与科研，而且渗透和浸润着这所大学追求真理的精神信念。正如英国教育思想家纽曼所言，大学是一切知识和科学、事实和原理、探索与发现、实验与思索的高级力量，它的态度自由中立，传授普遍知识，描绘理智疆域，但绝不屈服于任何一方。

　　大学的使命应是人才培养、科学研究和服务社会；高等教育发展的核心是学术和人才。因此，大学应成为理论创新、知识创新和科技创新的重要基地，在国家创新体系中具有十分重要的地位和意义。沈阳师范大学法学院是一所正在迅速兴起的学院，其注重内涵建设和综合协调发展，法学院贯彻"强管理、重服务、育队伍、出精品"的工作理念，通过强化科研管理、建立、健全科研制度、凝练科研队伍、打造科研精品、营造科研氛围，使教师们的科研积极性空前高涨，取得了丰厚的科研成果。近五年来，法学院教师出版专著 53 部，发表论文 180 多篇，科研立项 60 余项，科研获奖 60 余项。法学院秉承"博学厚德　求是笃行"的院训，以培养适应社会主义市场经济和法治建设需要的应用型、复合型法律人才为目标，以本科教学为中心，以学科建设与队伍建设为重点，大力发展研究生教育，努力建成专业特色显著、国内知名、省内一流的法学教育研究与法律实务相结合的法学院。

　　这套文库的出版，将有助于提升法学科学的学术品质和专业素质。法学教育是高等教育的重要组成部分，是建设社会主义法治国家、构建社会主义和谐社会的重要基础，并居于先导性的战略地位。在我国社会转型时期，法学教育不仅要为建设高素质的法律职业共同体服务，且要面向全社会培养大批治理国家、管理社会、发展经济的高层次法律人才。沈阳师范大学法学教育适应侧重培养懂法律、懂经济、懂管理、懂外语的高层次复合型、应用型人才的目标定位，在培养具有复合知识结构的本科生、研究生方面形成了鲜明的法律实务特色。法科学生在重点学好法学核心课程和教学计划的其他课程外，适当广泛涉猎、阅读学术专著，对巩固、深化课堂知识是十分必要的。在教材之外，出版一批理论精深、博采众长、体察实践、观点新颖的专著，可以有效满足学生解惑之需。本文库诸部著作，围绕诸多法学领域及法治实践中的重大疑难问题，对我国相关法律制度加以细致的探讨与阐述。这将有助于拓展法科学生的视野，为他们思考、研究问题以及应用法律提供新的方法和视角，进而登堂入室、一窥门径。

这套文库，在选题和策划上，偏重法学领域中实践意义重大且学界较少探讨的具体问题；在内容上，较为侧重对具体问题的深入分析和制度的合理构建。这固然与沈阳师范大学法学院以理论法学为基础，以诉讼法学为特色，以民商法为支撑，集中发展新兴二级学科的学科发展战略有关，也是对法学研究方向思考的智慧结晶。从宏观角度而言，目前我国的法学学科框架已经基本成熟，法学界对法学各学科的体系、基本原则和基本理论已难觅较大争议。因此，沈阳师范大学法律人能因应法律实践的需求和法治完善的需要，对前人较少涉及的一些具体法律制度及其微观层面展开深入细致的研究，揭示其所依存的理论基础，提供富有可操作性的制度设计，以此推动法学研究与法学教育的进步，并推动我国法制臻于完善，这无疑是一种值得嘉许的学术视角和探索尝试。

是为序。

陈泽宪
2010 年秋谨识于北京景山东隅

内容提要

　　劳动合同的效力是劳动合同的核心问题。我国劳动合同法虽然确立了有效或无效两种效力类型，但劳动合同无效的刚性安排反而会损害劳动者的利益，迫使劳动者面临失业和重新就业的问题。因此，需要对劳动合同效力重新进行梳理。采用比较分析方法，将劳动合同的本质属性作为研究劳动合同效力的理论前提，以体现劳动合同效力不同于一般民事合同效力的特殊性；明确对劳动合同效力进行评价的价值追求，以体现在诸多价值冲突选择时的社会化属性；通过劳动合同效力评价的一般考量因素，明确劳动合同有效的标准；对不满足此类标准的"瑕疵"劳动合同的效力则确立效力评价的多元化体系，一方面审慎对待劳动合同无效的认定，明晰劳动合同无效的确认标准、确认机关及相应法律后果，特别提出劳动合同无效并不必然导致劳动关系无效的论点，得出劳动合同仅是劳动关系的触发机制之一的结论。作为劳动合同无效的后续处理方式，劳动者的利益仍可通过劳动事实关系获得保障。另一方面通过劳动合同可撤销制度赋予劳动合同当事人特别是劳动者对劳动合同存续状态的选择权，劳动者作为自身利益最佳判断者，不行使撤销权则劳动合同继续有效，行使撤销权则产生同无效相同的后果。对于因用人单位原因导致劳动合同无效的，还应满足劳动者对用人单位提出的强制缔约的要求。同时通过对劳动合同效力限制、补正及扩张的阐释，拓展了劳动契约代理、劳动合同效力补正方法及劳动合同效力在范围和内容上的扩张等内容，实现了劳动合同效力多元化体系研究的整体性目标。

目　录

绪　　论

一　研究动因

用人主体①与劳动者的劳动关系问题是中国现在和将来主要的社会问题之一。美国法学家庞德曾认为在现代商业社会中大部分社会财富是由合同构成的。合同的普遍存在带来了矛盾的普遍存在。劳动关系中隐含着用人主体与劳动者的诸多矛盾，劳动合同制度成为解决这一矛盾的手段之一。在我国，为了完善劳动合同制度，明确劳动合同双方当事人的权利和义务，保护劳动者的合法权益，构建和发展和谐稳定的劳动关系，劳动合同法应运而生。"劳动契约乃劳动关系之核心，一切劳动关系均建立在劳动契约之上，并由此而展开，即使团体协约之目的也无非在保障劳动契约。"② 由此可见，劳动合同在劳动法中居于核心地位，而劳动合同效力问题又是劳动合同的核心问题。一个有效的劳动合

---

① 本书中的用人主体是指和劳动者形成法律上或者事实上的劳动关系的另一方当事人，笔者为了行文方便或遵循各国的立法惯例或习惯用法，在文中对用人主体大致有"用人单位"、"雇主"两种用法。

② 黄越钦：《劳动法新论》，中国政法大学出版社 2003 年版，第 80 页。

同对劳动者权益保障至关重要，它成为劳动者的护身符。然而现实情况却令人堪忧，违反劳动合同的现象频有发生。法律之所以对人有效，并不是因为它是人本身的意志和本质的法律，而是因为它居于统治地位，违反它就会受到惩罚，这是法律对人的约束力的实然状态。正是这种约束力，使法律呈现出规则化、人人必须遵守的性质。但是如果这种约束力不够强大，仅具有象征性功能，法律的规范效率就相对较低，不能很好地达到制定该法律时所期望达到的社会目标。① 这就必然会导致人们心理上缺乏对劳动合同效力的尊重，从而使得劳动合同当事人特别是用人主体对违反劳动合同不以为然。同时劳动者进入劳动关系的方式多种多样，有规范的劳动合同尚且会因执法不力而无法实现合同利益，更何况大多数会陷入劳动合同效力丧失的迷雾中，如何保障自身权益无从下手，致使劳动者维权的依据缺乏法律上的效力。如何将劳动合同效力界定清晰，如何为劳动者铺设一个在任何效力情况下均能受到法律强有力保障的平台，在国家大力推进劳动合同法实施的特殊时期，意义尤为突出。

二　研究现状

我国劳动法学界对无效劳动合同的研究已有初步的成果，但是从整体上把握劳动合同效力的研究并不多，各类劳动法著作中对劳动合同效力虽有简要的介绍，但多数仅涉及劳动合同有效、无效两种模式，鲜见关于整体论述劳动合同效力的著述。大多数

---

① 许章润等：《法律信仰——中国语境及其意义》，广西师范大学出版社 2003年版，第 126 页。

发达国家在劳动立法中均涉及有关劳动合同效力的规定，并强调即使是无效劳动合同也只否认劳动合同的未来效力，而不否认依据有瑕疵的劳动合同已发生的提供劳务、支付酬金行为的效力。因此在有可供参考的研究基础上为我们留下了广阔的拓展余地和研究空间。同时，《中华人民共和国劳动法》（以下简称《劳动法》）及 2008 年 1 月 1 日施行的《中华人民共和国劳动合同法》（以下简称《劳动合同法》）成为本书研究的平台，最高人民法院《关于审理劳动争议案件适用法律若干问题的解释》的两个司法解释对劳动合同一经被确认为无效后的处理彰显了司法解释在增强法律规定可操作性方面的独特作用。2008 年 9 月 18 日公布的《中华人民共和国劳动合同法实施条例》（以下简称《实施条例》）更使劳动合同无效与劳动合同解除关系有了进一步研究的必要。

三　研究进路

每一行为人均以其行为进入法的调整领域，行为人之间的关系实质上是行为之间的关系，法律效力成为主体行为间的联结因素，法律效力对行为的保护与约束的实质在于对法律行为发生法律上效果的保证。[①] 劳动合同作为法律行为的一种，其效力若仅限于有效抑或无效尚不足以体现劳动合同法保护劳动者利益、构建和发展和谐稳定的劳动关系的宗旨。因为劳动合同有效固然是最理想状态，但是按照理性法则，法律不应该不加区别地对各种各样的交易一概加以承认和保护。正如科宾所说："法律并非致

[①]　李琦：《法律效力　合法行为发生法律上效果之保证力》，《法学研究》1995年第 2 期。

力于实现所有由允诺产生的预期，其所要实现的，必须是合理的
预期。迄今存在的法律制度中，没有一个承认所有的允诺都能够
强制执行。合理的预期必须是大多数人愿意抱有的预期，而能够
强制执行的允诺必须是大多数人愿意履行的允诺。这样，就势必
导致法律的复杂性，导致建立各种各样的规则以决定在何种情况
下一个允诺被认为是能够强制执行的，以及在何种情况下其履行
应予免除。"① 意大利法学家有如下描述："适法行为的无效可以
是多种多样的。主要区别如下：或者行为缺乏某项基本要件，以
至法律不能承认它并保障它的结果，或者根据法律自己规定的其
他事实，某人有权要求宣告该行为无效。在第一种情形中，适法
行为在法律上当然地绝对无效；在第二种情形中，行为则可因抗
辩而被宣告无效或被撤销，因为人们运用自己的权利以求排除另
一权利的诉讼形式一般为抗辩。"②

　　因此，对于不同法律行为效力的评价体现着立法宗旨和法律
基本原则的要求。要科学地认识劳动合同效力问题，就需要进行
深入的理性分析和思考，建立劳动合同效力的层次结构和效力系
统，劳动合同的生效、可撤销、无效以及事实劳动关系的理论使
得劳动合同效力的研究基础更加雄厚。同时深入揭示影响和强化
劳动合同效力的各种主客观因素和条件，特别是在法律实践中要
注意排除影响劳动合同效力的各种不利因素和条件，尽可能地穷
尽现实存在并急需规范的各种状况，劳动合同效力的理论剖析、
重新整合以及对劳动合同效力的进一步完善都将使该领域的研究

---

① 转引自王卫国《论合同无效制度》，《法学研究》1995 年第 3 期。
② ［意］彼德罗·彭梵得：《罗马法教科书》，黄风译，中国政法大学出版社
1992 年版，第 68 页。

更加规范和完备，以强化劳动法律法规的实效，实现劳动合同立法的宗旨，维护劳动法律法规的权威。

四　核心观点和论证逻辑

本书针对目前二元结构的劳动合同效力理论的缺陷，将劳动合同的生效要件作为劳动合同效力评价的考量因素，建立了劳动合同效力多元化体系。当劳动合同不具备生效要件或存在瑕疵时，会产生无效、可撤销、效力待定等多种效力后果。同时通过对事实劳动关系的法律保护、劳动合同效力的补正及扩张等多种渠道为劳动者提供多元化的保障途径：如果没有订立劳动合同、如果订立的劳动合同存在瑕疵、如果因该瑕疵的存在导致劳动合同无效，劳动者都会在相关的理论研究中找到权益保障的支撑点。

本书主要是通过对劳动法——劳动合同——劳动合同效力的关系的梳理，导出本书的问题点，同时阐述了研究劳动合同效力的理论意义与实践意义，使本书的论题从一个稳重的理论角度出发，为进一步的研究构筑一个理论支撑点。第一章主要阐述劳动合同效力的基本内涵及理论基础，以此寻求劳动合同效力的特殊性基础及基本标准，同时通过对其历史发展的考察，寻求判定劳动合同效力的价值准则，运用法理学的价值判断标准，总结出在价值准则发生冲突时何为优位的协调方法，即劳动合同效力独具特色的价值判断准则。从第二章到第四章都是对劳动合同效力的评价，也是对《劳动法》及《劳动合同法》的解读。第二章主要阐述了对劳动合同效力的肯定性评价，劳动合同的生效要件既是劳动合同保有其效力的根本，也是对劳动合同效力进行否定性评价的判断依据，劳动合同主体、形式、意思表示、内容等要件均须满足相应的条件。第三章劳动合同无效是对劳动合同效力的否定性评价，因为与劳动合同可撤销制度的并存，这里的无效是绝对的无效，因此对劳动合同无效的界定也是从这个角度出发的，在厘清劳动合同无效与民事合同无效、劳动合同无效与劳动关系无效相互之间的理论关系后，提炼出劳动合同无效以合同法为依托又超越于合同法的确认标准，并且甄别出劳动合同无效的法律责任及后续处理，提出事实劳动关系合法化的观点。第四章劳动合同可撤销制度是在慎用和淡化劳动合同无效对劳动关系影响的基础上建立起来的，我国劳动法中没有可撤销劳动合同的规定，《劳动合同法》草案中仅规定重大误解、显失公平和乘人之危三种情况，主体资格缺失、欺诈、胁迫、不正当影响也都应归入劳动合同可撤销的理由。第五章是对劳动合同效力的限制、补正及扩张，使劳动合同效力有了进一步延伸的空间，同时建立劳动合同效力多元化体系，明确劳动合同无效确认标准，建立劳动合同可撤销制度、劳动合同效力待定制度，确立劳动合同强制缔约制度。本书对劳动合同效力阐述的主要目的就是在平衡劳动合同双方当事人利益的前提下，尽可能地实现对劳动者的倾斜保护，以通过对劳动者这一社会弱势群体的保护来实现社会整体的实质正义。

在人类社会中主要存在两种人和人的关系：一种是把人看成自己的工具，一种是把人看成也同样具有意识和人格的对手，前者关系称作共生，后者关系称作契洽。① 共生是生物界普遍存在

---

① 费孝通：《乡土中国　生育制度》，北京大学出版社 1998 年版，第 206 页。

的现象，互相利用，共存共生；而同心同德，大家为了一个公共的目标而分工努力，就是契洽。劳动合同是劳动者与用人单位之间确立劳动权利义务关系的依据和准绳。通过对劳动合同效力的研究，一方面使用人单位依法用工的观念更加明确，另一方面提高劳动者依法行使劳动权利的自觉性和运用法律手段保护自己合法权益的主动性，使劳动关系双方都能严格遵守劳动合同规范，发挥劳动合同法权威作用，使劳动关系逐步走向和谐稳定的轨道。

第一章　劳动合同效力的理论基础

第一节　劳动合同效力的界定

一　劳动合同效力的含义

有学者对德国在法律行为方面的研究评价道："我以为从未有过如此丰富的一流智慧被投放到对某种行为的立法研究上。"这一研究为法律行为制度建立了极为丰富的理论库，以致被公认为"大陆法系民法学中最辉煌的成就。"[①] 法律行为作为最重要的法律事实类型，是指以意思表示为要素，并受法律承认在其生效时得由该意思表示的意欲内容确定法律效果内容的表示行为。拉伦茨说："法律行为之所以能产生法律效力，不仅仅是因为法律确认如此，而首先是因为实施法律行为的人，意图通过法律行

---

① 〔英〕梅里曼：《大陆法系之传统》，章孝慈译，黎明文化事业公司1978年版，第91页。转引自董安生《民事法律行为》，中国人民大学出版社2002年版，第65页。

为引起法律后果。"① 法律行为效力制度，是以法律行为效力为核心的一系列法律制度的总称，是通过行为的法律效力这一视角对法律行为各项具体制度进行的重新解读。法律行为效力制度的内容包括法律行为效力的发生与消灭、效力的形态、效力的评价标准、效力的限制（附条件与附期限）、效力的范围、效力的实现、效力的保障等一系列法律制度。

在由数方意思表示合致构成的法律行为中，合同是最典型的一种。合同只有在不与法律创设目的相抵触时才受到国家强制力之保护，即合同才有效力；当合同存在违反法律要求的因素时，法律就会视情况做出程度不同的否定性评价，不让合同直接有效。劳动合同的效力即劳动法赋予劳动合同在当事人之间或有时对第三人的相当于法律的约束力。具有法律效力的劳动合同，法律赋予其强制履行的效力，依合同享有的权利即可获得法律保护。② 劳动合同一经合法签订即具有法律效力。一般说来，劳动合同的法律效力包括：第一，双方当事人必须履行劳动合同规定的义务；第二，劳动合同受法律保护，在对方当事人违反劳动合同时，另一方当事人可以请求劳动争议仲裁委员会或人民法院追究对方违约责任；第三，劳动合同的变更、解除必须具备法律规定的条件并履行法律规定的特别程序；第四，劳动合同不仅对当事人双方有约束力，对于有关系的第三方也有约束力，任何第三方不得故意破坏已经依法存在的劳动合同，不得诱使或强制劳动合同的

---

① ［德］卡尔·拉伦茨：《德国民法通论》，王晓晔等译，法律出版社 2003 年版，第 50 页。

② 冯彦君：《劳动法学》，吉林大学出版社 1999 年版，第 126 页。

当事人违约。①

从具体劳动合同来看，劳动合同效力如何决定着合同当事人的权利和义务，以及当事人享有的法律救济的程度和后果；从劳动合同法的角度来看，劳动合同效力体现了法律容许当事人意思自治的最低底线和国家适度干预的程度；从劳动法基本理论的角度来看，劳动合同效力与劳动合同的自由、效率、安全、正义的价值观念相关联；从司法层面来看，劳动合同效力要求劳动行政管理机关充分发挥其监察执法之功能，以保障劳动合同效力的实现。

二　劳动合同效力的根源

（一）法律行为效力根源理论

法律行为对当事人具有法律效力已成共识，但对效力根源问题却始终有分歧，其中有重要影响的学说主要包括意志效力理论、法定效力理论和信赖责任理论三种。

意志效力理论在意思自治原则得到理论和立法阐述后，坚持行为人的意志是法律行为效力的终极根源的观点。该理论认为，法律行为效力的根源在于行为人的意志，因为意志本身具有法律的性质，如果某人受到某项合同的约束，仅仅是因为他表达了这种意志，基于此种订约当事人的共同意志成立的契约具有法的创造力，而法律仅确认他们有权这样做。

为反驳意志效力说，法定效力理论在 19 世纪末由德国学者

① 余世平、刘新主编：《劳动法实务与案例评析》，中国工商出版社 2002 年版，第 294 页。

萨维尼和温德希特提出。他们认为，合同权利义务的来源不在于这种意志，而在于客观的法律秩序，单个的私人之所以能够通过合同的方式实际改变他们的法律关系，原因在于法律认为他们共同意志的内容具有合法性，并且认为这种意志在某种程度上没有违背公共秩序。① 法国学者狄骥明确指出，法律行为效力的根源在于客观法，"当有一种法律行为时，是客观法把法律的效果，把成立依法申诉权附加到那种构成法律行为的意志行为上去的"。② 的确，法律行为效力离不开法律保障制度，将法律行为的效力归结为行为人意志不仅在理论上是虚幻的，而且在实践上也是有害的，因此客观法有必要以原则性方式对法律行为的效力加以确认。

信赖责任理论可追溯到耶林关于法律行为的表示注意理论中。该理论认为，法律行为（特别是合同行为）效力的根源，在于行为人的意思表示使相对人或其他利害关系人产生某种信赖并据此做出准备或安排，进入所谓"法律状态"；行为人违反法律行为设定义务并给相对人造成损失或"信赖损失"时，应当按照诚信原则、公平正义原则或保护交易安全原则承担责任，而法律行为的效力正是指违反自己意思表示造成他人损失时应承担责任的必要性。③

（二）劳动合同效力根源的当然选择

分析法律行为效力的本源无非是找出法律行为"法的创造力的动力"，而意志效力理论认为当事人合意的契约具有法的创造

---

① 董安生：《民事法律行为》中国人民大学出版社 2002 年版，第 48 页。
② ［法］狄骥：《宪法论》第 1 卷，钱克新译，商务印书馆 1962 年版，第 238 页。
③ 董安生：《民事法律行为》，中国人民大学出版社 2002 年版，第 49 页。

力，这将个人意志过分神化。在劳动合同中，双方当事人的意思表示虽可以充分体现，但由于用人主体通常拥有比劳动者更强的谈判能力，特别是其在劳动力供需关系中的优越地位，使得单纯的意思表示并不足以发生劳动合同有效的后果，尚需国家公力的强制。信赖责任理论认为法律行为的效力之所以被法律承认，在于对法律行为的相对人或其他利害关系人的信赖利益给予必要安排。[①] 它对于解决民事合同的某些实际问题如先契约关系约束等具有一定的意义。但对于劳动者来说，与用人主体订立劳动合同的本意是维持生存需要，他对用人主体的选择或多或少具有对相对人的信赖，要使此劳动合同行为发生效力，必须有相对人即用人主体承担相对应义务的表示，但试想，如果法律未赋予劳动合同约束力，此信赖就如同空中楼阁。对于法定效力理论，正如拉伦茨所言，"法律义务是指对人们提出的某种要求，一种应为之行为；具有自身的道德意识和法律意识的人们原则上不能不遵守这种要求。诚然，法律义务的拘束性并非取决于义务人的内心同意与否，而是以法律制度的客观效力要求为基础"。[②] 这样就使合同的效力获得了法律规范的支持和保证。然而，法律规范何以使同样是已经成立的合同可能有着不同的效力状态呢？

由此，我们认为，合同效力的根源应当在于意志效力与法定效力的结合，即合同之所以具有拘束力是由于法律的赋予，而法律之所以赋予已经成立的合同不同的效力状态，则是法律对合同中"合意"品质的不同评价。法律对于合同的效力具有

---

① 龙卫球：《民法总论》，中国法制出版社 2002 年版，第 430 页。
② ［德］卡尔·拉伦茨：《德国民法通论》，王晓晔等译，法律出版社 2003 年版，第 50 页。

本源性，它是合同效力的最终源泉，合同具有效力正是因为法律使之具有效力。而"合意"是法律规范对合同赋予效力最核心和最重要的切入点。劳动合同在这一点上体现得尤为突出，它既包含自由协商也有相当的强制（否则劳动基准与集体协约将缺少合理性）。劳动合同有效是法律对双方当事人意思自治的肯定，劳动合同无效是法律对合意瑕疵及违反强行规范的否定评价。

第二节　劳动合同特殊性对劳动合同效力的影响

在没有做好充分的准备之前，我们并不急于出发。因此在展开对劳动合同效力的研究之前，我们回到劳动合同最本质的属性中来，对劳动合同的特殊属性进行反复地咀嚼和分析。劳动合同特殊性是劳动合同相对于传统民事合同所表现出的差异。从劳动合同的特殊性出发，挖掘特殊性的法律需求，是我们设计劳动合同效力制度的逻辑起点。合同的效力是法律评价当事人各方合意的表现，也是当事人各方为满足各自需要寻找法律的依据和支持，将自己的意思符合于已上升为法律的国家意志的结果。在劳动关系领域，赋予企业自主用工和劳动者自主择业的部分权利，使他们之间能够以平等主体的身份通过协商自由确定劳动关系，这是一种理想状态。然而这种法律评价是复杂多样的，法律对当事人合意的或肯定或否定的评价，当事人会承受不同的法律后果。劳动者作为社会弱势群体，劳动合同效力评价会对其产生重要的影响，小则关系到个人生存，大则关系到社会稳定。基于劳动合同有其不同于一般民事合同的特殊属性，使得劳动合同效力评价也具有特殊性。

一　劳动合同从属性对劳动合同效力评价基础的影响

拉德布鲁赫指出："在劳动契约双方当事人平等自由的表象下面，实际上没有东西有别于已被克服的制度中的劳动活动从属性"。① 对于劳动合同从属性之功能，有学者认为："所谓劳动契约有从属性，乃立法者因立法政策需要而刻意予以强调、认知，并藉此为劳工保护法之制定架桥铺路而已"。② 史尚宽先生也曾精练地表述这一从属性特征，劳动法上之劳动契约谓当事人之一方与他方存在从属的关系，提供其职业上之劳动力，而他方给付报酬之契约乃为特种之雇佣契约，可称为从属的雇佣契约。其特色在于为特殊的从属关系，其劳动较之其他劳务给付契约，在于高度服从雇方之情形下行之。此从属的关系，因特殊理由而成立。如劳动者纳入营业、农业或家事范围之内，不得不处于雇方指示监督之下而给付劳务。劳动力与劳动给付不能与劳动者之本人分离，劳动者之本人与承受劳动同时进入此高度的服从雇方及其意思之从属的关系。③ 因此劳动合同研究必须以从属性为前提，才能正确掌握方向。

（一）人格之从属性

劳动者人格上的从属性即负有劳务给付义务之一方基于明

---

① 〔德〕拉德布鲁赫：《法学导论》，米健、朱林译，中国大百科全书出版社1997年版，第81页。

② 刘志鹏：《劳动法理论与判决研究》，元照出版公司2000年版，第22页。转引自叶静漪、周长征主编《社会正义的十年探索——中国与国外劳动法制改革比较研究》，北京大学出版社2007年版，第249页。

③ 史尚宽：《债法各论》，中国政法大学出版社2000年版，第294页。

示、默示或依劳动之本质，在相当期间内，对自己之工作时间不能自行支配，换言之，人格上的从属性系劳动者自行决定之自由权的一种压抑；[①] 此外人格上的从属性还在于雇主的指示命令权及秩序上的惩戒权等。首先，劳动合同要求劳动者亲自履行，劳动者必须将自身劳动力与生产资料相结合，在雇主的安排和指挥下从事劳动，由于劳动力与劳动者不可分离，也等于劳动者要让渡一定的人身自由。其次，劳动者的劳动需要服从雇主的指示，遵守单位的各项规章制度。这包括了工作时间、工作地点、工作岗位、工作流程等要接受雇主的指挥，雇主对劳动者还有检查、监督，甚至惩罚的权利。

从形式上看，劳动合同双方当事人法律地位平等，劳动者并不是将自己作为商品或者物品加以出卖与转让，因而双方都有缔约或不缔约的自由，劳动合同是双方自由意志的表示；但从实质上看，双方现实地位不平等，交换不对等，使劳动者的自由意志在从属地位下大大受到限制，劳动者在劳动关系中有更多的"不自愿"，往往是"一个意志成为另一个意志的奴隶"。[②]

在契约自由思想的指导下，人的理性以契约的方式体现为权利义务，并在现实中得以贯彻。契约自由的真正实现有赖于这样两个基本前提：一是主体抽象平等。人作为一个抽象的存在，抛弃其固有的经济上的、政治上的、知识结构上的一切差别。二是完全市场的假定。契约不对当事人以外的任何第三人构成损害，每个决策者都拥有关于其选择的性质和结果的完整信息，双方有

---

① 黄越钦：《劳动法新论》，中国政法大学出版社2003年版，第94页。
② 傅静坤：《二十世纪的契约法》，法律出版社1997年版，第174页。

充分选择的权利，及交换分配的公正。然而，在劳动契约中，从属性的特征对劳动关系中的双方当事人平等的基础产生了巨大冲击。一方面，雇主和劳动者现实地位不平等影响自由选择。劳动者只有和雇主的生产资料结合才能创造价值。劳动力必须以人为载体，无法储存，一旦不被雇用，就会随着生命的过程而消耗。从现实情况看，劳动者必须在雇主"招聘"的前提下才有缔约的机会，劳动力资源的丰富、层出不穷的劳动替代工具，同时劳动者的自由选择范围更多地受到自身素质局限，这些都使劳动者对交换的需求远比雇主急迫，所以雇主才真正享有话语权。[①] 另一方面，雇主和劳动者交换的不对等影响自由选择。在劳动合同的履行过程中，劳动者付出的是人身性的劳动，而雇主付出的则是财产性的报酬；劳动者要得到的是维持生计的报酬，而雇主得到的则是剩余价值的利润。

（二）经济之从属性

经济上之从属性重点在于受雇人并不是为自己之营业，而是从属于他人，为该他人之目的而劳动。[②] 马克思最早提出市场条件下工人与资本的关系是"从属关系"，揭示了以资本为中心的市场化的劳动关系中劳动的从属性或从属劳动的特质。市场的选择使资本拥有量多的人成为雇主，有权索取剩余价值，资本少或无的人则成为雇员，挣得固定的薪水且必须服从雇主的权威。劳动者财产上的从属性是指劳动者虽然可以以劳动力所有者的身份与雇主自由签订劳动合同，但受雇人完全被纳入雇主经济组织与

---

① 侯玲玲：《劳动合同的特殊性研究》，《法学》2005 年第 1 期。
② 黄越钦：《劳动法新论》，中国政法大学出版社 2003 年版，第 95 页。

生产结构之内，受雇人并不是为自己之营业劳动，而是从属于雇主，在生产组织体系、生产工具或器械、原料属于雇主所有的情况下，为该他人之目的而劳动，受雇人既不是用自己的生产工具从事劳动，也不能用指挥性、计划性或创造性方法对自己所从事的工作加以影响，而且按照劳动价值理论，创造的企业利润并不归劳动者所有，虽然有劳动者参与企业分红的特例，但劳动者获取的多为提供劳动力再生产的必要报酬。

二 劳动合同内容受限性对劳动合同效力评价标准的影响

劳动法一面承袭私法原则，有相当程度私法自治的意味，劳动契约即属自治性规范，但劳动关系同时又受到社会连带责任的制约，有不少公法上的监督，同时通过工会缔结团体协约，也对劳动合同产生拘束力，因此形成规范的多重关系。

（一）补充关系——工作规则对劳动合同的补充

具有自治性规范的劳动合同一方面由劳动基准法作为其最低基准限制，同时又得以工作规则加以补充。所谓工作规则，也被称为雇佣规则或从业规则等，是指用人单位依法制定并在本单位实施的组织劳动和进行劳动管理的规则。

1959 年国际劳工组织为工作规则所下的定义为："供企业之全体从业员或大部分从业员适用，专对或主要对就业中从业员之行动有关的各种规则。"日本工作规则的订立与变更应听取劳工过半数的意见，劳工代表有不同意见时，应记于工作规则之上；工会由过半数工人组织时，应接受工会的意见[1]。而我国劳动者

---

[1] 黄越钦：《劳动法新论》，中国政法大学出版社 2003 年版，第 135 页。

在工作规则形成的过程中，连最低限度的参与权也没有，本来应由劳资双方当事人共同决定的劳动事项转变为由雇主单方面片面决定。工作规则是将"劳资双方一般性的事实上习惯"转变成为"个别劳动契约内容"之一种媒介[①]，其并不能当然有效，当劳动合同违反绝对强行法或团体协约时当然无效。

（二）基础关系——劳动基准法成为劳动合同的基础

划定劳动基准是劳动法的特有法律现象。劳动基准划定了劳动者与雇主建立劳动法律关系时就工资、工时、安全设施等劳动条件达成协议所必须遵循的最低限度的标准。劳动基准要求责任主体不得低于此基准，但并不鼓励责任主体以此基准为实际执行标准，更不禁止劳方通过双方协商获得更有利的劳动条件。因此劳动基准维护公平的手段是通过国家公权力介入制定强制性规范，划定劳资双方合意的底线以限制双方的合意范围，即劳动者与雇主协商达成的劳动标准不得低于劳动基准法规定的最低限度，劳资双方合意排除劳动基准的最低规定的任何约定均为无效。"基准法不是国家为实现其自身利益而设定的，它保护的不是诸如国家安全等国家利益，也不是保护纯粹的私人利益。基准法保护的是全体社会弱者的社会利益。"[②] 通过国家规定的基准法，使劳动者最基本的权利得到维护。

劳动基准法是劳动法中主要的公法组成部分，而劳动合同法则是劳动法中主要的私法组成部分。劳动法的社会法属性正在于私法与公法的融合或者说公法对私法领域的强行渗透。这

---

① 黄越钦：《劳动法新论》，中国政法大学出版社 2003 年版，第 144 页。
② 董保华：《社会法原论》，中国政法大学出版社 2001 年版，第 201—202 页。

一渗透使得劳动合同具有了"以国家意志为主导,当事人意志为主体"的特征。以国家意志为主导,表明劳动合同当事人意思表示的受制约性,即劳动基准法对当事人的行为具有引导作用和价值判断作用;以当事人意志为主体,表明了劳动合同当事人的平等、独立地位,并通过自主行为实现事实过程和价值判断过程的统一。① 劳动基准具有强制性,是法律课给雇主的义务,其义务的履行是政府通过劳动监察这种行政行为来监督;而且劳动基准具有通则性,以确立总体性对策为基本出发点,并不直接规定实际事项的条件,实际事项条件依劳动合同当事人的约定或由劳动基准衍生的个别法规定。因此,劳动基准法只是为劳资双方建立劳动关系提供基本框架,有最低标准的作用,但并不排除有高于劳动基准法的条件,至于劳动关系能否持续存在,劳动过程能否顺利实现,则是由劳动过程中劳资双方持续谈判所达成的合意实现的。但是由于劳动关系的从属性使单个劳动者在与雇主交涉时,力量较弱,集体谈判就成为劳资双方团体力量博弈的结果,所签订的集体合同的效力高于劳动合同,是实现劳资自治的重要途径。因此,集体谈判和集体合同制度是劳动关系持续存在的制度基础,具有公法性质的劳动基准法又成为劳动合同或团体协约的基础。

(三) 指导关系——团体协约对劳动合同的内容具有指导作用

集体合同是工会与企业签订的、以企业职工集体劳动条件为

---

① 谢德成:《论劳动合同法之基本原则》,http://www.51Labour.com/labour-law/show-8766.html,2008.3.15。

内容的协议。一般国家立法都明确规定集体合同有优先于劳动合同的效力，如法国《集体合同法》规定，集体合同可以像法律一样直接生效并对劳动合同有约束力。我国《劳动合同法》第54条第2款规定："依法订立的集体合同对用人单位和劳动者具有约束力。行业性、区域性集体合同对当地本行业、本区域的用人单位和劳动者具有约束力。"第55条规定："集体合同中劳动报酬和劳动条件等标准不得低于当地人民政府规定的最低标准；用人单位与劳动者订立的劳动合同中劳动报酬和劳动条件等标准不得低于集体合同规定的标准。"因此，凡有集体合同的，劳动合同的内容不得与其相抵触，或者是不得低于集体合同的标准。[①]集体合同承担着通过协调劳资关系争取劳动者劳动自由和维护劳动者应得利益的职能。中国台湾地区团体协约法第16条规定："团体协约所定劳动条件，当然为该团体协约所属雇主及工人间所定劳动契约之内容。如劳动契约有异于该团体协约所定之劳动条件者，其相异部分无效，无效之部分以团体协约之规定代之。"[②] 现今西方国家对集体合同当事人之双方资格要求极为严格。劳动者一方唯以符合法人条件的工会为限，未组织工会的事实团体，无缔约资格；雇主一方也必须适格。又因西方国家雇主联盟与劳动者之工会联盟（受雇人联盟）缔约关系普遍存在，因此，集体合同往往是团体协商法规范之一部分。我国之集体合同主体与西方相比较，要求并不严格，意在通过扩大主体范围，使更多劳动者纳入集体合同保护范围，但由于

① 林嘉：《劳动合同若干法律问题研究》，《法学家》2003年第6期。
② 黄越钦：《劳动法新论》，中国政法大学出版社2003年版，第304页。

对其法人资格的放弃，使工会违约后的雇主救济难以有效实施。由于集体合同具有劳动基准法之效能，因此，依法订立的集体合同对企业雇主和企业全体劳动者具有法律约束力。单个劳动合同中的劳动条件、劳动报酬等标准不得低于集体合同的规定。单个劳动合同的条款与集体合同发生冲突的，该条款无效。[①] 劳动合同只是个别劳动者与雇主间的契约，但在内容上往往受团体协约的影响，因此团体协约对劳动合同的内容具有指导作用。劳动法在对劳动关系进行调整时，通过劳动基准法调整全部劳动关系，通过集体合同调整集体劳动关系，通过劳动合同调整个别劳动关系。[②] 因此，劳动基准法、集体合同、劳动合同构成了劳动关系调整的三个层次：劳动基准法调整范围最广，覆盖了全部的劳动关系，但是其劳动保障标准最低；集体合同的效力范围是有限定的，只调整集体合同生效范围内的劳动关系，其劳动保障的标准比劳动基准法要高；劳动合同效力范围最小，只对劳动合同当事人产生效力，但是其劳动保障标准最高。如果有某个层次调整的缺失，完全可以通过其他层次的调整来弥补。[③]

综上，劳动合同、劳动基准和集体谈判制度是建立和维持劳动关系不同环节的制度规范，也是政府协调劳动关系的法律基础。在劳动力市场机制中运行的劳动关系应当是以劳动合同和劳

[①]　谢德成：《论劳动合同法之基本原则》，http：//www.51Labour.com/labour-law/show-8766.html，2008.3.15。

[②]　董保华：《劳动关系调整的法律机制》，上海交通大学出版社2000年版，第121页。

[③]　董保华：《劳动合同研究》，中国劳动社会保障出版社2005年版，第219页。

动基准制度为形成机制，以集体谈判和集体合同制度为维持机制。前者保证的是劳动关系市场化运行的前提和基础，后者是劳动关系持续性存在的制度保障。如果三项制度健全，劳动关系运行就可依靠市场规律，通过劳资双方力量博弈、自主协调实现。劳资争议的风险将会通过集体谈判、劳动争议调解与仲裁等制度有效化解在劳动关系内部。①

（四）冲突关系——以有利原则（the principle of favorableness）为协调标准

当出现立法不足、法条竞合、国家公权力与用人单位经营自主权和劳动者的劳动权相冲突时，可以利用有利原则来矫正劳动者与其他主体之间的利益失衡现象，恢复法律的公平价值。有利原则也称"较有利原则"或"更有利原则"，是指若劳动关系双方当事人的约定（包括劳动合同或集体合同的约定）、用人单位内部劳动规则的规定、用人单位的单方承诺与劳动基准或者法律规定不一致的，应当适用对于劳动者有利的约定或规定；若这些约定或规定的含义不明确的，应当作出对劳动者有利的解释。换言之，劳动合同的订立、履行及其各种争议的处理，除法律有特殊规定的情形以外，应以"有利于劳动者"这一基本理念和价值观为依归，当存在着若干种可供选择的处理方案时，应以"怎么做对劳动者更有利"作为评价、遴选、确定和实施哪种处理方案的主要依据。② 当然有利原则的适用也会受到限制，如用人单位与劳动者恶意串通，损害国

---

① 曹燕：《劳动合同制度的政策基础和功能冲突》，《政法论丛》2007 年第 3 期。
② 许建宇：《"有利原则"的提出及其在劳动合同法中的适用》，《法学》2006 年第 5 期。

家、集体或他人合法权益的劳动合同被确认无效或被撤销的，不能适用有利原则。

立法对于不合法表意行为的无效评价不一定意味着对行为人的惩戒，对此类行为的有效评价也并不意味着对行为人的鼓励，而对行为效力可撤销之规定却较强地体现了保护倾向性，它仅赋予受害方当事人以撤销选择权。一般而言，违反强行法的效果为无效，但在劳动法中，强行法之违反并不当然无效，因现代劳动法对劳动者保护的特别强调，需视其结果是否对劳工有利而定其效果。强行法可再区分为绝对强行法与相对强行法，违反前者时绝对无效，违反后者时则需衡量其是否对劳动者有利，才能决定其为有效或无效。衡量时需从权利本体来考察，而不能以经济效益来判断。

三 劳动合同继续性对劳动合同效力评价效果的影响

继续性合同是指合同内容非一次给付可完结，而是继续地实现的合同。其基本特色在于，时间因素在合同履行上居于重要地位，总给付的内容取决于应给付时间的长短，即随着履行时间的推移在当事人之间不断地产生新的权利义务。劳动合同属典型的继续性合同。劳动合同自始欠缺一个数量上业已确定的总给付概念，在一定时间提供的劳动仅是当时所应履行的劳动合同义务，所以当事人的义务不是一次性或定期性履行，而是持续性履行；并且劳动力的支出具有不可回收性，故在劳动合同运行中无法恢复原状。因此，劳动合同对安定性极为重视，旨在保持其存续状态，这一点与民事合同交易的迅速性不同。对劳动合同效力的评价要充分考虑到这一特性，在劳动合同无效的认定上慎之又慎，赋予劳动合同当事人对可撤销劳动合同的选择权，尽可能维护劳动合同的效力，因为有效的劳动合同必然会维持较长时间的劳动关系，即便是劳动合同经当事人行使撤销权被撤销，也是当事人自由意志的体现，这对社会的稳定有重要意义。

第三节　劳动合同效力的价值追求

"任何值得被称为法律制度的制度，必须关注某些超越特定社会结构和经济结构相对性的基本价值"。"一种完全无视或忽视上述基本价值或多个价值的秩序不能被称为是一种真正的法律秩序"。① 劳动合同效力需要从法律的多种价值类型中寻找评价标准，以展现诸多价值在劳动合同中的独特视角。在正常的价值序列或价值冲突中，孰种价值优先也反映了在评价劳动合同效力时应优先考虑何种利益，以实现劳动合同中所蕴含的各方利益。

一　劳动合同效力的价值判断

（一）自由价值——劳动合同自由的定位与检讨

1. 劳动合同自由的恪守——对劳动合同效力肯定性评价的基础

"契约自由"是合同法乃至整个私法的灵魂，其突出个体性、强调主观性、激励创造性，具有巨大的人文和社会价值。虽然传统

---

① ［美］E. 博登海默：《法理学——法哲学及其方法》，邓正来译，法律出版社1999年版，第29页。

的绝对的契约自由观念已经被相对契约自由观念所置换，但限制不等于否定，修正不等于抛弃，劳动契约仍保有契约自由的灵魂。

纵观历史，劳动者在任何社会条件下都不可能真正实现以自己的意志自由交换劳动力。奴隶社会、封建社会如此，资本主义社会也同样如此，资本主义社会所谓的契约自由也是针对统治阶级的利益而提出的，揭开资本主义温情脉脉的面纱，"每一个毛孔都滴着血和肮脏的东西"。资本积累阶段如此，资本垄断时期因经济实力的悬殊更甚，即便进入"福利化"社会，劳动者也仍然是资本家榨取剩余价值的"宝物"，虽然有人身自由，但稍有不慎，就会成为失业大军中的一员，生存利益得不到保障。在社会主义国家中，受苏联"公法一元结构"的影响，企业是国家的，劳动者更是从属于国家，这一从属性自劳动者一踏入某工作岗位后，终身不变，甚至带有继承的色彩，如子女接班。这一模式鉴于当时人们传统的观念，既无愿望也无能力，更无可能挣脱。市场经济下劳动力市场的建立，使劳动者终于有了更多自由选择职业的机会，所以要珍惜来之不易的自由，并且要在国家适度限制的范围内，最大限度地弘扬劳动契约自由。当然如何弘扬才能达到我们真正的预期，任重而道远。

人在社会中的竞争力取决于两方面的因素，即事实性因素和制度性因素。同样，在劳动契约中处于弱势地位的劳动者存在两种弱势形态，即主观弱势（自身及家庭因素所造成的弱势）和客观弱势（由社会变革和制度因素所造成的弱势）。[①] 在市场经济

---

① 冯彦君：《强化社会弱势群体法律保护的新视野》，《法制与社会发展》2003年第4期。

条件下，即使建立了一整套有关公平竞争的法规和政策，也会有部分社会成员由于受其本身各类条件的限制，经常处于不利的竞争地位，凭其自身的能力去实现其权利的手段不具备。存在主观弱势是不可避免的，我们应该通过合理的制度安排确保主观弱势者的境况得以改观，通过法律所能提供给弱势群体的主要是发展机会、竞争能力和物质帮助。发展机会和竞争能力的提供和保障是授人以渔，通过这种再生性的保护模式，充分发挥市场竞争机制，鼓励和激发劳动者的主观能动性，以强者的姿态进入劳动关系中。这样，劳动者才能在与用人单位之间进行劳动契约协商时，在国家确立的劳动基准范围内，最大限度地保障自己的利益。试想，劳动者若缺乏必要的技能和相当的素养，何以能在与所谓强势主体的协约中实现平等？

同时，在现代条件下，不应仅仅单纯强调保护劳动者，而应体现对二者的一体保护。公权力介入劳动关系的主要目的就是要实现对弱者的保护，以形式上的不平等实现实质上的平等。公权力干预的程度过大，就会使劳动契约丧失自由的实质，因此，政府的适度干预才能最大程度地体现契约自由，除适度保护劳动者外，对用人单位的合法权益也要给予相当的关注。在当今的信用时代，劳资双方的信用维护成为契约双方必须履行的义务。劳动者由于具有一定的流动性，其对用人单位所能达到的忠诚程度究竟如何，既难判断也难控制，极易给用人单位带来竞争隐患。所以，在这一层面上规制劳动者的责任，才能使当事人在缔结契约时无后顾之忧，使契约自由能够得以真正实现。无论是从我国市场经济发展的历史特殊性出发，还是从其他发达市场经济国家的劳动法理论的发展状况来看，我们弘扬的契约自由强调的是建立在具体人格基础上的实质自由。

2. 劳动合同自由的限制——对劳动者倾斜性保护的依据

劳动合同在劳动法范畴内被赋予了崭新的含义，虽然劳动契约仍是由双方当事人协商订立，形式上体现为一种合意，但正如恩格斯的精辟剖析："劳动契约仿佛是由双方自愿缔结的。但是，这种契约的缔结之所以被认为出于自愿，只是因为法律在纸面上规定双方处于平等地位而已，至于不同的阶级地位给予一方的权力，以及这一权力加于另一方的压迫，即双方实际的经济地位迫使工人把最后一点表面上的平等权利也抛弃掉，这仍然和法律毫不相干。"① 因此，为了对处于弱势地位的劳动者给予必要的法律保护，必须在私法的劳动合同中融入相当的公法规范，以纠正劳动者的弱势地位，尽可能地实现契约正义的价值目标。这是根据契约正义理念通过国家干预对契约自由进行的修正，也是对传统契约自由理论的扬弃和升华。因此劳动契约需受到来自两方面的限制：一是受劳动基准法的限制；二是受团体协约的限制。

（1）劳动基准法的限制

基准法系规定基本事项条件之最低基准之法律，要求责任主体不得低于此基准，并不鼓励责任主体以此基准为已足，更不禁止相对主体争取更有利之基本事项条件。

依照契约自由原则，劳动契约当事人之间可以对诸如工资、工时、工作场所、休假等契约项目合意，然而事实上，以商业资本为基础、以营利为目的的所有权活动，尤其是商业资本组织庞

---

① 《马克思恩格斯选集》第 4 卷，人民出版社 1977 年版，第 69 页。

大、劳动契约附合化之后，劳动者根本无法抗拒大企业的优越经济地位而处于被迫订约状态。因此，在劳动契约上，不但应强调当事人之间合意的"主观平等性"，更应重视契约内容的"客观妥当性"。为维护契约内容客观上的妥当性，必须采取劳动基准法定机制，即"国家对工资、工时、休息等劳动条件之基准以法律定之"。国家为了维持劳动契约当事人自由，仍允许当事人为一定的合意，但重要的内容必须以"劳动基准"作为劳动契约的限度范围。"基准法定"的目的在于经过国家立法机关民意审查，才能综合各种利益并取得平衡，不容个人间肆意行为，也不能以命令方式由行政机关决定。[①] 虽然各国劳动基准的内容各有不同，但随着世界经济一体化的进程，劳动基准也有国际化的趋势，国际公约往往也对劳动条件进行某种程度的限制与拘束。

（2）团体协约之强制

在一般契约中，当事人以外的第三人对契约并无影响力，而在劳动契约中，工会越发达，个人对劳动契约的形成、变更及消灭的自主性越小，个别劳动关系不但受劳动基准法的影响，更受团体协约的影响。

团体协约乃雇主联盟与受雇人联盟间订立的具有对各成员发生规范效力的一种协约。早期的劳动协约效力只能使缔约双方负有义务，令其成员在缔结劳动契约时不逾越团体协约合意之范围，但此种义务强制效力薄弱，因为只要是不参加联盟的雇主或受雇人，联盟间的团体协议对其即无拘束力。因此，为使该协约发生广泛的概括拘束力，团体协约于国家认可后，"在法源体系

---

① 黄越钦：《劳动法新论》，中国政法大学出版社 2003 年版，第 199 页。

中由契约规范之地位，上升至法律规范之地位，成为独立的法源，具有如同国家所制定的法律应具有的效力"。[1] 当然，此项限制的采用须以强有力的工会存在为前提。这种模式在我国目前的境况下尚属理想，我国目前的立法中尚无行业集体契约的地位，所有的诸如工时立法等均依赖国家立法。因此，需要改革工会行政化的顽疾，通过职业化、社会化、行业化的方式对工会进行改革。从职业化出发，工会应以维护劳动者的权益为唯一的职能；从社会化出发，工会应发展社区工会及企业间的联合工会；从行业化出发，工会应参与制定行业劳动标准，来完善我国的劳动协调机制。[2]

（二）效益价值——劳动合同否定性评价的审慎对待

科斯认为，在现实交易成本存在的情况下，能使交易成本最小化的法律是最适当的法律，只有那些符合法律主体的理性选择、成本最小而收益最大的法律，才会被人们自觉遵守。法律的效力价值是通过权利的合理配置来实现的。劳动合同法对权利的配置过程实质上是对当事人利益衡量的结果，通过主体多元化，将权利配置给最珍视他们的人，尽可能减少市场交易成本，从而实现权利资源的最优化。[3]

首先，合同制度本来就是效益观的产物，当事人双方都面临着利益不能实现的风险，为克服此种风险，客观上就需要特定的

---

①　黄越钦：《劳动法新论》，中国政法大学出版社 2003 年版，第 299 页。

②　董保华：《论我国工会的职业化、社会化和行业化》，《工会理论与实践》2002 年第 1 期。

③　郭慧敏、张艳香：《劳动合同法的经济分析》，《湖南师范大学社会科学学报》2007 年第 5 期。

法律制度来约定当事人在风险和成本上的分担，合同应运而生。其次，既然合同本身就意味着效益，法律就理应对其进行维护，使其按照合同当事人预期的轨道运行，若过度判定合同无效，将导致当事人订约、履约和解决纠纷的大量费用浪费，这不仅会造成巨大的经济损失，而且提高了社会交易成本的总体水平，降低了市场的运行效率。[①]

劳动合同是用人单位实现经济利益，劳动者实现生存利益的载体。尽管我们在理论上探讨劳动合同无效的认定问题，其实在司法实践中对劳动合同无效的认定非常谨慎。这为我们的理论研究提供了新思路，也就是应尽量收缩劳动合同无效的情形，既要保证当事人不会因法律规定的缺失而恶意制造无效劳动合同以侵害相对方的利益，又要避免法律的扩大规定使当事人恶意滥用无效劳动合同。因此，效益价值在劳动合同效力的评价中应体现为尽量使劳动合同有效，即便存在着内容及意思表示上的瑕疵，只要未损害国家、集体的利益及社会公益，应允许劳动合同当事人对此瑕疵予以补正，如果当事人选择了撤销劳动合同，那也是其自由意志的体现，在更大程度上实现了利益的最大化。

（三）安全价值——劳动职业安全保护等内容的评价准则

合同法中的安全包括静的安全和动的安全两方面，所谓静的安全"乃对于吾人本来享有之利益，法律上加以保护，不使他人任意夺取，俾得安全之谓。此种安全之保护，系着眼于利益之享有，故亦称享有的安全或所有的安全"；所谓动的安全"乃吾人

---

① 王卫国：《论合同无效制度》，《法学研究》1995 年第 3 期。

依自己的活动，取得新利益时，法律上对于该项取得行为加以保护，不使其归于无效，俾得安全之谓。此种安全之保护，系着眼于利益之取得，故亦称交易安全"。① 劳动合同法对此两类安全价值的彰显尤为突出，2002 年 5 月 12 日国务院颁行的《使用有毒物品作业场所劳动保护条例》第 18 条规定，用人单位与劳动者订立劳动合同，应将工作过程中可能产生的职业中毒危害及其后果、职业中毒危害防护措施和待遇等如实告知劳动者，并在劳动合同中写明，不得隐瞒或者欺骗，否则，劳动者有权拒绝从事存在职业中毒危害的作业，而且用人单位不得因此单方面解除或者中止与劳动者所订立的劳动合同。此为享有之安全保护。从动态角度，如果任由当事人处置合同关系，很可能造成弱势一方、国家或社会利益的严重损害，劳动关系中应有的安全得不到充分保障。

（四）正义价值——对违背诚实信用和公序良俗原则的劳动合同效力的否定

美国法理学家 E. 博登海默曾经说过："正义所关注的是如何使一个群体的秩序或社会制度适合于实现其基本目的的任务。"② 由于社会合作，存在着一种利益的一致，它使所有人有可能过一种比他们仅靠自己的努力独自生存所过的生活更好的生活；另一方面，由于这些人对由他们协力产生的较大利益怎么分配并不是无动于衷的（因为为了追求他们的目的，他们每个人都更喜欢较大的份额而非较小的份额），这样就产生了一种利益的冲突，就

---

① 郑玉波：《民法总则》，中国政法大学出版社 2003 年版，第 218 页。
② ［美］E. 博登海默：《法理学——法哲学及其方法》，邓正来译，中国政法大学出版社 1999 年版，第 252 页。

需要一系列原则来指导在各种不同的决定利益分配的社会安排之间进行选择，达到一种有关恰当的分配份额的契约。这些所需要的原则就是社会正义的原则，它们提供了一种在社会的基本制度中公平分配权利和义务的办法，确定了社会合作的利益和负担的适当分配。① 正义原则是在一种无知之幕（veil of ignorance）后被选择的，这可以保证任何人在原则的选择中都不会因自然的机遇或社会环境中的偶然因素得益或受害。也就是说，"作为公平的正义"是在一种公平的原初状态中被一致同意的。由于正义原则已为人们选择，所以每个人都了解，在社会中他将要求他人具有支持这些标准的道德情操，也就是说，"一个人具有一个组织良好的社会的成员们可以合理地要求于他们的伙伴的那些道德特性。"② 与此同时，一个组织良好的社会依照正义观念确立的制度公正时，那些参与着这些社会安排的人们就获得了一种相应的正义感和努力维护这种制度的欲望。

合同法上的正义观包括两方面含义：从消极方面来看，它是诚信原则在观念上的抽象；从积极方面看，它指合同当事人的行为不得包含反社会性的内容即不得违背公序良俗。③ 劳动合同关系依存诚信原则的特性尤为突出，在劳动合同制度不完善的计划体制下，虽有所谓铁饭碗的保障，但劳动关系的维系依靠的是劳动关系双方当事人诚信及价值归属感，如今劳动合同更加明确了当事人的权利义务，约束着当事人的行为，劳动

---

① ［美］约翰·罗尔斯著：《正义论》，何怀宏等译，中国社会科学出版社1988年版，第4页。
② 同上书，第439页。
③ 孙鹏：《合同法热点问题研究》，群众出版社2001年版，第155页。

合同目的的实现更是依赖于双方当事人对合同的遵守。当然，劳动合同的内容不得违背社会公益，诸如提供不正当服务的劳动合同应被法律明确禁止，即通过对劳动合同效力的否定评价体现出来。

二　劳动合同效力的价值冲突及协调

由于价值主体的多元性、多样性，加之社会需要的多元性和多层次性，社会生活的广泛性和复杂性，社会条件的多重性和变化性，法律之诸价值间发生冲突就在所难免。[①] 自由是决定是否否定合同效力的终极价值准则，效益是合同自由实现的推动力，交易安全是实现自由的保证，正义则是自由的合理界限。我们在判断合同效力时，根据自由和效益原则首先进行有效推定，然后需要法律判断其自由意志的合理性并加以保证，此即法律对交易安全的保护，最后，自由应在遵循诚信原则，不违反公序良俗的范围内活动。安全正义价值具有优先顺位，在兼顾效益价值的同时再充分赋予劳动合同当事人双方的合同自由。例如规制劳动合同附合化就是为了调和契约自由理论在劳动合同领域存在的内在冲突与矛盾，纠正契约自由在强者与弱者之间造成的偏差，从而让契约自由在劳动合同领域得以真正实现。这也是劳动合同价值追求的独特性。

（一）实现对劳动者的优先保护

保护劳动者利益是劳动法所奉行的主旨，劳动合同效力评价也需要实现对劳动者的优先保护。虽然有学者认为劳动合同法的

---

① 卓泽渊：《法学价值》，重庆大学出版社 1993 年版，第 387 页。

宗旨应当是维护劳动合同双方的权益，既保护劳动者的权益，同时又为企业稳定发展护航，如果仅保护一方的权益，就无法实现劳动关系的和谐。[①] 但笔者认为，劳动合同的效力评价在总体上应向保护劳动者倾斜，即在特定条件下，当对劳动者利益的保护与对用人单位利益的保护发生冲突时，优先保护劳动者利益。这一价值取向体现了对劳动者"偏重保护"和"优先保护"的原则，也彰显了"生存权优位保障"的法理。这主要是由劳动者在劳动力市场和企业组织中所处的相对弱势地位所决定的。在现实生活中，劳动合同的附和化、劳动者的从属性、工会尚未成为集体谈判组织者等诸多方面显示出劳动者的弱者地位，特别是在当下经济形势令人堪忧的时期，大规模失业局势逐渐形成，[②] 对劳动者的优先保护显得尤为重要。优先保护可以通过权利义务的配置实现合理正义，给当事人自由协商既保留空间但又有基准限制。可见，将维护劳动者权益作为劳动合同法的立法基点理所当然。

但是，也不能对劳动者利益实行过度保护而损害企业利益，关键是如何在劳动者权益和企业权益之间找到平衡点，以实现最大限度上的平等。例如，在竞业禁止问题上，企业处于弱势地位，这时劳动合同法就应当向企业一方倾斜。[③]

---

① 张喜亮：《劳动合同法（草案）十大问题探析及立法建议》，《中国人力资源开发》2006 年第 4 期。

② 美国 2008 年 1 到 8 月份失业比率增长了一个百分点，并且又有逐渐扩大的趋势。数据来源于 http：//www2. dir. state. al. us/LAUS/CLF/alus. aspx ♯ US，2008.9.15。

③ 周斌、程宏伟：《权益保护的合理平衡与劳动合同立法》，《山西大学学报（哲学社会科学版）》2006 年第 6 期。

（二）尽量维护劳动合同效力

从世界各国看，很少有国家正面提出"无效劳动合同"的概念，他们对全部无效劳动合同的认定持谨慎态度，比如新加坡劳动法就没有无效劳动合同的规定。我国台湾学者史尚宽认为："原则上排除对于过去无效之主张，不得不承认事实已成立之劳动关系视同有效。"王泽鉴认为："倘若劳动关系业已进行，尤其是在劳务给付之后，始发现劳动契约具有瑕疵时，亦不能径适用无效撤销规定，令既已发生之关系，自始归于消灭，非特使问题难予处理，在甚多情形对于劳工之保护，亦嫌不周。"① 从我国司法实践来看，劳动合同无效制度并未得到全面严格的适用，我们有劳动合同无效的规定，却缺乏适用的社会环境。2005 年中国劳动法学研究会上海年会上，湖南省劳动和社会保障厅的刘文华指出："在现实中，劳动合同整体无效是个假命题，因为基本上湖南没有这样处理的案例。劳动合同建立后的履行具有不可逆转性。"确认劳动合同无效应是在不得已情况下的被动选择。尽量维护劳动合同的效力，保证劳动合同关系的稳定既是劳动合同效力制度的价值取向，也是其应有功能。

价值取向的善意与合理要转化为实践中的利益保护，必须平衡各方利益，与制度的运行紧密结合起来，充分考虑到法律的普适性和可行性。如果将本应在立法过程中达成共识的制度设计转变成了法律通过之后不当误读和不当规避的制度"漏

---

① 　王泽鉴：《民法学说与判例研究》，中国政法大学出版社 1998 年版，第 120 页。

洞"，无疑增加了法律实施的成本。① 社会经济短期的高速发展
与社会发展长期的和谐稳定是一种利益博弈，劳动合同法的立法
选择表明建立在权利平衡之上的发展才是健康、稳定、可持续的
发展。

---

① 胡健：《压力和阻力考验〈劳动合同法〉》，《法治与社会》2008 年第 4 期。

第二章　劳动合同效力的评价标准

　　法律评价当事人各方的合意，在合同效力评价方面是将合同的有效要件作为评级标准。对符合有效要件的合同，按当事人的合意赋予法律效果。现代民事立法关于合同有效条件的规定，当推法国民法典第 1108 条为代表："下列四项条件为契约有效成立的主要条件：承担义务的当事人的同意；上述当事人的缔约能力；构成义务客体的确定标的；债的合法原因。"[①] 劳动合同成立并非一定产生预期效果，当事人资格、劳动合同内容的多样化，使得劳动合同法只对那些符合一定标准的劳动合同赋予其积极的意义——生效，即确定地发生预期法律效果。不依法签订劳动合同的结果伤害的不仅仅是劳动者，企业利益同样也受到了损害。劳动合同实际上是一柄双刃剑，依法签订劳动合同既维护了劳资双方的正当权益，也是对他们的一种法律约束。劳动合同作为用人主体与

---

① 《法国民法典》下册，罗结珍译，法律出版社 2005 年版，第 832 页。

劳动者之间劳动关系权利、义务的具体化与合法化的唯一表现形式，对于劳动关系成立与否以及劳资双方的具体权利、义务的确定有着决定意义。而不签订劳动合同，就难以确定双方是否形成劳动关系，也就难以依照劳动合同法的规定来依法调整双方的权利和义务，从而无法达到劳动合同法保护劳动者的合法权益的同时，保护用人单位的合法权益，促进经济发展和社会进步的立法目的。显然，民工荒已经让一些企业为长期忽视民工权益、忽视劳动合同的作用付出了代价，现在正是重新审视并塑造一种新型的、和谐的劳动关系的时候，这种劳动关系就是充分体现以人为本，在健全的法治环境下保障劳动合同双方平等、共赢的关系。

第一节　主体判断标准

一　用人单位主体适格性

德国、日本、加拿大等国家在其劳动合同的相关立法中都对签订劳动合同的一方——雇主的主体资格进行了界定，这些国家中对雇主资格的界定范围有比较概括的，也有比较具体的。德国、加拿大和埃及等国家都规定雇主是指雇佣一名或一名以上雇员的自然人或法人。[①] 日本和韩国的界定基本相同，即雇主是指企业主、企业经理人或代表企业主处理企业中有关雇员

---

① 参见王益英主编《外国劳动法和社会保障法》，中国人民大学出版社 2001 年版，第 74 页。参见《加拿大劳工（标准）法》，国家劳动总局政策研究室编《外国劳动法选》，劳动出版社 1981 年版，第 149 页。参见《埃及劳动法》，劳动部劳动科学研究所编《外国劳动法选》（第 4 辑），劳动人事出版社 1989 年版，第 483 页。

事宜的人。① 新加坡对雇主的界定最为具体，它指出雇主系指根据服务合同雇佣其他人的任何人并包括任何法定当局、雇主正式授权的代理人或经理人、拥有或从事或临时负责雇有受雇人的专业、企业、行业或工作的管理权的人。② 智利和越南等国对雇主的界定各有特点。③ 如智利的雇主指雇佣工人为自己工作的人和其他处于与雇主相同地位的人。又如越南的雇主指雇佣劳动力并付给报酬的企业、机关或团体，或年龄在 18 岁以上的个人。由此可见，构成劳动法上的用人单位应为一种具有法定资格的组织体，具有合法用工权，这种资格决定着一定主体能否参与劳动法律关系、能参与哪些劳动法律关系，在劳动法律关系中能享有并行使哪些用人权利、承担并履行哪些用人义务，其内容包括用人权利能力和用人行为能力两个方面。任一主体只有在其所具备的物质、技术和组织等条件足以按法定要求为职工提供一定的劳动条件，从而能够容纳一定职工并保障职工合法权益时，才会被认为具有一定的用人行为能力。④ 由此可见，劳动关系的特性决定了用人单位应为一种组织体，换言之，劳动力在一定分工和协作的条件下与生产资料相结合需要用人单位形成一定的组织结构。依《劳动合同法》第 2 条规定，中

---

① 参见《日本劳动标准法》，国家劳动总局政策研究室编《外国劳动法选》，劳动出版社 1981 年版，第 45 页。参见《韩国工会法》，劳动和社会保障部劳动科学研究所编《外国劳动和社会保障法选》，中国劳动出版社 1999 年版，第 125 页。

② 参见《新加坡就业法》，劳动部劳动科学研究所编《外国劳动法选》第 4 辑，劳动人事出版社 1989 年版，第 642 页。

③ 参见《智利解除雇佣合同规则》，劳动人事部劳动科学研究所编《外国劳动法选》第 3 辑，劳动人事出版社 1987 年版，第 222 页。参见《越南社会主义共和国劳动法典》，劳动和社会保障部劳动科学研究所编《外国劳动和社会保障法选》，中国劳动出版社 1999 年版，第 73 页。

④ 王全兴：《劳动法》，法律出版社 2004 年版，第 106 页。

华人民共和国境内的企业、个体经济组织、民办非企业单位等组织
与劳动者建立劳动关系，订立、履行、变更、解除或者终止劳动合
同，适用劳动合同法。《实施条例》第 3 条规定："依法成立的会计
师事务所、律师事务所等合伙组织和基金会，属于劳动合同法规定
的用人单位。"这就扩大了劳动合同适用的范围。

二　劳动者主体适格性

国外对雇员的劳动合同主体称谓大部分采用"工人"一词，
也有些国家表述为"职工"、"受雇人"、"劳动者"，还有的国家
称"雇员"。[①] 劳动者必须具备劳动资格（达到法定年龄、具有劳动

　　[①]　在德国，雇员是指工人和职员以及参加职业培训者、家庭劳动受雇者和与他
们处于同等地位的人以及由于经济上的非独立性而类似雇员的其他人也可视为雇员。
在菲律宾，雇员包括受雇主雇佣的任何个人。在沙特阿拉伯，雇员系指为取得工资而
在雇主的指挥或管理下（包括可能不受雇主的直接监督）为其工作的任何人。印度的
立法对工人的界定较为详细。在印度，"工人"系指任何一个为了受雇或获取报酬而
被任何一个企业雇佣或从事与该企业有联系的技术性、半技术性或非技术性的管理
型、工程型或文书工作的人。日本、智利、埃及、越南等国对工人的界定同上述国家
相比则比较简单，而且相应地对工人范围的规定也较为宽泛。日本的"工人"指，不
论其从事何种职业，系指受雇于法律所规定的企业或事务所而领取工资的人。智利工
人指，挣工资或领薪水的雇员和体力劳动者。在埃及，"工人"一词系指任何个人在
其雇主管理或监督下进行劳动，以换取工资的人；越南的工人是指，年龄在 15 岁以
上、有工作能力并已订立雇用合同的人。新加坡与土耳其的法律对受雇人作了界定。
在新加坡，受雇人系指根据同雇主订立服务合同而劳动的人，并包括根据法律或法律
的任何部分或条款，由总统宣布作为受雇人的这种职员或办事员的类别或政府的某些
工人、职员或办事员，但不包括海员、家庭佣人、看守人或保安人员或在经理、管理
或保密岗位上受雇的任何人，或属于由部长随时在公报上公告根据法律规定不作为受
雇人的其他等级的任何人。在土耳其，受雇人是指按照雇佣契约在任何行业为换取工
资而工作的人员。韩国与加拿大对职工作了界定。根据韩国《工会法》第 4 条规定，
职工是指那些靠工资、薪金或任何其他类似收入生活的人，而不管其职业是什么。
《加拿大劳工（标准）法》规定，职工是表示任何被雇佣以从事熟练的或不熟练的、
体力的、办公室的、技术的或经营管理工作的人。参见石美遐《中外劳动合同立法比
较研究》，《环球法律评论》2006 年第 6 期。

能力、具有人身自由），即应当具有劳动权利能力和劳动行为能力，它们共同决定着公民参与劳动法律关系的范围和享有并行使劳动权利、承担并履行劳动义务的范围。劳动权利能力是指公民依法能够享有劳动权利和承担劳动义务的资格。在我国，公民的劳动权利能力在总体上具有平等性。劳动行为能力是指劳动者以自己的行为享受劳动权利、承担劳动义务的资格。依用人单位需求不同，劳动行为能力可分为一般劳动行为能力和特殊劳动行为能力。一般劳动行为能力再依年龄和智力状况可分为完全劳动行为能力、限制劳动行为能力、无劳动行为能力三种。[1] 特殊劳动行为能力是指劳动者所具有满足用人单位特殊需求而享有劳动权利、承担劳动义务的资格，如某资格认证书、某技能培训合格证书等。

三 特殊主体的身份判断

（一）公司经理、董事的身份

对于企业主作为资本所有者、经理董事作为资本运营管理人、企业主及经理人的委托代理人能否以劳动者的身份与公司或企业建立劳动关系，学界有不同看法。能建立劳动关系说认为参考劳动部《关于全国实行劳动合同制的通知》、《实施劳动法有关问题的解答》以及公司法的有关规定，对于公司制的用人单位，董事会聘任的厂长、经理、董事、监事及其他高级管理人员是有限责任公司、股份有限公司的劳动者。不能建立劳动关系说认为能否构成劳动关系，其核心的判断标准在于董事能否体现出劳动

---

① 这与民法中的规定很相似，但有区别，主要是将具备完全劳动行为能力的年龄因素界定为 16 周岁，这为民法中"已满 16 周岁不满 18 周岁，但是以自己的劳动收入为主要生活来源的，为完全行为能力人"的规定提供了可能。

者的从属性，而作为公司高级管理人员的董事、经理，其履行的职责多为管理和经营行为，与普通劳动者有明显区别。区别对待说认为应区分具体情况而定。[①]

各国劳动法对雇主的认定不再仅限于企业主，而是包括了代表企业主利益的人。如我国台湾地区《劳动基准法》规定，"称雇主者谓雇用劳工之事业主、事业经营之负责人或代表事业主处理有关劳工事务之人"；《美国公平劳动标准法》规定，雇主包括与雇员有关的直接或间接地代表雇主利益的人；《德国劳动法院法》规定，在法人企业或合伙企业工作并且根据法律、章程或公司合同单独的或作为代表机构的成员被任命为法人或合伙人的代表人，不属雇员范畴，它包括股份有限公司的总经理之类；我国《香港雇佣条例》的雇主包括已订立雇佣合约雇用他人为雇员的人，以及获其委托授权的代理人、经理人或代办人；《日本劳动基准法》包括代表企业主处理企业中有关工人事宜的人。[②]

虽然公司董事、经理在各国被规定为雇主的对象，但在我国的企业组织形式中他们的身份却始终不够明确，似乎是管理者，又似乎是劳动者。[③] 这种现状既混淆了用人单位与劳动者的界限，也带来了种种弊端。国有企业管理者一方面利用所有权主体虚位把持强势的职权空间，又可以劳动者的弱势身份规避法律追究。因此，明确这一特殊主体是否具有劳动者的身份具有现实

---

①　林嘉主编：《劳动合同法热点问题讲座》，中国法制出版社 2007 年版，第 20 页。
②　董保华主编：《劳动合同研究》，中国劳动社会保障出版社 2005 年版，第 73 页。
③　关于贯彻执行《中华人民共和国劳动法》若干问题的意见第 11 条规定。经理由其上级部门聘任（委任）的。应与聘任（委任）部门签订劳动合同。实行公司制的经理和有关经营管理人员。应依据公司法的规定与董事会签订劳动合同。

意义。

笔者认为，公司董事、经理不属于劳动者，其更多实现的是管理者职能。公司作为用人单位应履行的职责是由公司内部管理层来实现的，董事、经理进行的经营、管理是基于用人单位或雇主的指示命令，公司与经理之间是委托代理关系，公司是委托人，经理是公司代理人；而且他们的劳动报酬远远高于普通劳动者，其报酬的性质主要是对其经营管理的激励，而并非劳动者工资的对价性和保障性。同时因为法人也可担任董事，与劳动者的自然人属性相违背。

（二）实习生的身份

我国台湾地区劳动基准法中有关于技术生养成训练的规定，指对十五岁以上或中学毕业之人员，所实施有系统之职前训练。技术生之招收任用，应以契约订之。其目的在促进青年劳动力之养成与训练，是一种人力资源规划。但技术生仍属在工厂工作之劳工，有相当于实际劳动者的劳动地位。[①] 瑞士债法中的学徒契约者是指职业传授人应训练学徒获得特定职业所需之技能，学徒基于此目的提供劳务予其职业传授人。此技术生和学徒与我国的实习生性质类似，明确实习生的地位，对保障其合法权益很有必要。

1. 在校实习生的身份

在校生参加实习是为了积累实践经验，不是以实习劳动作为自己谋生的基本手段，而用人单位也没有为实习生付出的劳动支付对价的意思，有的实习单位会在实习中发给实习生一定数额的

---

① 黄越钦：《劳动法新论》，中国政法大学出版社 2003 年版，第 117 页。

费用，但是这种费用只是一种补偿性的报酬而不是劳动关系意义上的工资。在校实习生在实习期间虽然得服从实习单位的实习管理，但是对实习单位并不具有依附性。因此在校生在实习期间与用人单位建立的不是劳动关系，在身份认定上在校实习生并不是劳动者。这一点在劳动部《关于贯彻执行〈中华人民共和国劳动法〉若干问题的意见》第 12 条"在校生利用业余时间勤工助学，不视为就业，未建立劳动关系"和劳动和社会保障部 2005 年发布的《关于加强技工学校生产实习管理工作的通知》明确学校作为教学组织者的义务和责任等内容上体现出来。

2. 就业型实习生的身份

就业型实习与试用期无异，用人单位允许其实习的根本目的就是给双方一个相互考察了解的时间和机会，劳动者在试用期内提前三日通知用人单位即可解除劳动合同；劳动者在试用期间被证明不符合录用条件的，用人单位可以解除劳动合同。因此，就业型实习生就是劳动者，与用人单位的正式职工没有区别。

第二节　内容判断标准

合同内容合法在各国立法上主要表现为一项效力性规范，即合同内容违反法律强制性规定或禁止性规定者不生其效力。这一规定本身不含有具体禁止内容，其实际意义仅在于为不具有效力评价作用的民事强行法和传统上的公法规范补充了效力评价功能，使这两类法律规范在原有控制功能外兼具评价内容违法的法律行为效力的作用。内容合法一方面起到引致民事强行法对法律行为内容实施统一控制的作用，由此构成"私法自治的内容界限"；另一方面它提供了一条使公法规范进入私法领域的管道，打破了公法与私法原则上互不相属，各成体系的状况，为国家政策对私法的干预提供了依据。① 劳动合同内容即劳动合同条款，它作为劳动者与用人单位合意的对象和结果，将劳动关系当事人双方的权利义务具体化。劳动合同内容主要由法定必备条款和约定必备条款构成，主要就内容构成和若干重要条款作出规定。劳动合同内容不得损害国家利益、社会公共利益及他人合法权益，不得违反劳动基准法的规定，也不得超越团体协约的底线。

一　法定条款合法

通过对世界各国劳动法中关于劳动合同法定必备条款规定的考察，② 可以归纳出法定必备条款一般包括以下几项：劳

---

① 董安生：《民事法律行为》，中国人民大学出版社 2002 年版，第 155 页。

② 《埃及劳动法》法定必备条款包括雇主的姓名及其总公司的地址；工人的姓名、资历、职业、住址及其他有用的细节；合同规定的工作性质；双方同意的工资、支付工资的形式、方法和日期，以及其他各种以现金和实物方式给予的福利。《利比亚劳工法》法定必备条款包括雇主的姓名和营业地点；工人的姓名，住址，技术情况及职业；准确注明所从事的工作类型；工资数额，支付工资的时间和方式，以及有权获得其他任何现金或实物。《巴林劳工法》法定必备条款包括雇主的姓名和企业的地址；雇员的姓名、资历、国籍、职业、住址和个人身体特征；合同的签订日期；合同中双方同意的雇佣的性质、类型和地点；合同的期限（如果是定期合同）；双方同意的工资，支付的方法和时间，在双方同意的工资中雇员得到的货币工资或实物工资占工资总额中的比例；双方同意的特别条件。《越南劳动法》法定必备条款包括从事的工作，工作时间，休息时间，工资数额，工作地点，合同期限，以及雇员的职业安全卫生和社会保障条件。《波兰人民共和国劳动法》法定必备条款包括劳动合同应该以书面形式签订，并明确规定合同的类别和条件，特别是应该规定以下条款：工种及开始工作日期；与工作相适应的报酬。劳动合同还应该包括职工遵守劳动秩序和纪律的义务。《土耳其劳工法》法定必备条款包括雇主及受雇人的姓名及身份；所要做的工作；该企业的地址；如果契约是有期限的，应写明有效期限；工资的数目和支付的方法及周期；关于雇佣的特殊条件；契约生效的日期；缔约双方的签字。

动合同主体名称和住址，劳动合同的期限和工作内容，劳动保护和劳动条件，劳动报酬，劳动纪律，劳动合同变更、解除、终止的条件，违反劳动合同的责任。我国劳动合同法也规定劳动合同中应明确用人单位的名称、住所和法定代表人或者主要负责人，劳动者的姓名、住址和居民身份证或者其他有效身份证件，劳动合同期限，工作内容和工作地点，工作时间和休息休假，劳动报酬，社会保险，劳动保护、劳动条件和职业危害防护等内容。同时还通过其他相关法规及有关部门的司法解释做出强制性的法律规定。如禁止招用童工，[①] 禁止招用女工从事矿山井下有毒有害作业和国家规定的四级体力劳动强度的劳动及禁止孕妇从事高空、低温作业，禁止"工伤概不负责"的生死合同条款等。然而利益的驱动使得企业从自身的利益出发，总是希望最大限度地取得劳动者的劳动，最大限度地减少劳动报酬；而劳动者则希望尽可能少付劳动力，多获取劳动报酬，从而形成了双方矛盾利益的冲突。所以，劳动合同不但要必须具备法定必备条款，并且各项条款的内容都必须符合劳动法规、劳动政策及集体合同的要求。

二　约定条款合法

用人单位与劳动者可以约定试用期、培训、保守秘密、禁止

---

① 《禁止使用童工规定》（2002 年国务院令第 364 号）第 6 条规定：用人单位使用童工的，由劳动保障行政部门按照每使用一名童工每月处 5000 元罚款的标准给予处罚；在使用有毒物品的作业场所使用童工的，按照《使用有毒物品作业场所劳动保护条例》规定的罚款幅度，或者按照每使用一名童工每月处 5000 元罚款的标准，从重处罚。

同业竞争、补充保险和福利待遇等其他事项。用人单位根据实际情况与劳动者对可能需要约定的内容可以选择约定。约定的内容要完全满足劳动法律规范的内容，对于保证金条款、限制工资权条款、歧视条款、弃权条款是绝对禁止的，即使约定也无效。除劳动者违反服务期约定和违反保密协议中竞业限制条款约定的违约金责任外，用人单位不得与劳动者约定由劳动者承担违约金，因此违约金条款是有限制的。

　　法律法规把劳动合同内容分为法定必备条款和协商约定条款两部分，目的是防止劳动合同的主要内容残缺不全，避免劳动合同中因缺少其中的一项或几项内容，双方在基本权利和义务上约定不明，给日后履行劳动合同留下隐患，导致劳动争议的发生，当事人可以自主地决定劳动合同的内容，只要该内容不违反法律的禁止性和强制性规范，不侵害他人的合法利益和社会公共利益，该劳动合同应为有效合同。劳动合同法律法规规定的"必备条款"只有工作内容和劳动报酬两项是必不可少的最基本的劳动合同权利和义务，缺少其他几项并不能致使劳动合同无效。

　　劳动合同是一个动态的过程，不同于静态的单方性、一次性的古典契约。建立劳动关系的最初合意绝不可能包含劳动合同全部内容，劳动合同的内容在交换过程中可能不断变动。因此，劳动合同条款应具有弹性化需求，以此来解决劳动关系存续期间，未来不确定因素的介入。[1] 而且在确定劳动合同内容时，要明确劳动条件基准、集体合同、劳动合同之间的效力关系。依劳动法

---

　　[1]　侯玲玲：《劳动合同的特殊性研究》，《法学》2006 年第 1 期。

原理，确定劳动权利义务的，以效力等级不同的多层次文件为依据，其中，效力等级排序依次为劳动条件基准、集体合同、劳动规章制度、劳动合同。在不同层次文件之间，较高等级层次文件可以补充较低等级层次文件的内容，即就某一问题当较低等级层次文件没有规定或规定不明确或不具体，而较高等级文件有规定或规定明确或具体时，就可以将较高等级文件的相应规定看作是对较低等级文件内容的补充。①

三 附件内容合法

劳动合同的附件是劳动合同缔结时已经作为合同前置条件存在的劳动规则，劳动者往往会在不了解的情况下做出承诺，即便了解此规则，劳动者所能为的是要么接受，要么拒绝。拒绝则另谋他路，接受则可能会是"被迫的自愿"。法定的劳动合同附件主要有专项劳动协议和用人单位内部劳动规则。在我国，法定的劳动合同附件主要有：

1. 专项劳动协议

专项劳动协议是指已确立劳动关系的劳动者与其用人单位就某种事项所签订的专项协议。劳动部规定，生产经营发生严重困难的企业应当与劳动者签订劳动合同，但劳动合同中有关工作岗位、劳动报酬等内容，可以在协商一致的基础上通过签订专项协议来规定；用人单位应当与本单位的待岗或放长假人员就劳动合同的有关内容协商签订专项协议。

---

① 王全兴、黄昆：《劳动合同效力制度的突破和疑点解析》，《法学评论》2008年第2期。

2. 内部劳动规则

用人单位内部劳动规则，即用人单位的劳动规章制度，1959年国际劳工组织特别委员会的报告书中明确，劳动规章制度（rules of employment）是指适用于用人单位全体劳动者或者大部分劳动者，专门或者主要与从业劳动者行为有关的各种规则。我国劳动规章制度是指由用人单位与职工代表大会或者全体职工讨论形成方案，与工会或者职工代表经过平等协商确定的适用于用人单位全体劳动者的规范从业劳动者行为的各种规则。《劳动合同法》第4条第1款规定："用人单位应当依法建立和完善劳动规章制度，保障劳动者享有劳动权利、履行劳动义务。"同时最高人民法院《关于审理劳动争议案件适用法律若干问题的解释》中规定，用人单位通过民主程序制定的规章制度，不违反国家法律、行政法规及政策规定，并已向劳动者公示的，可以作为人民法院审理劳动争议案件的依据。由此可见，内部劳动规则须有职工参与的民主程序方能通过。《法国劳动法典》规定，雇用规则在提交工厂委员会讨论通过之前，或在没有工厂委员会的情况下提交职工代表大会讨论通过之前，不能将其付诸实施；《日本劳动标准法》规定，起草或修改雇佣规则时，雇主应征求有关企业中过半数工人所组成的工会的意见，如无此种工会时应征求过半数的工人代表意见。[①]

劳动规章制度的内容，世界各国立法多作列举式规定，且内容较为全面，便于用人单位操作。如《日本劳动标准法》将劳动规章列举为工作休假时间、工资津贴事项、劳动安全与事故救济

---

① 董保华：《劳动合同研究》，中国劳动社会保障出版社 2005 年版，第 177 页。

等十个方面的内容。我国的内部劳动规则较多的是关于劳动组织、劳动纪律和工资分配等方面的规定。

(1) 内部劳动规则的效力表现

内部劳动规则的效力渊源于劳动者对劳动力支配权让渡的承诺,而这一让渡是通过劳动契约来实现的,故内部劳动规则的效力来源于劳动契约。① 在劳动合同订立过程中,劳动者有权了解用人单位的内部劳动规则,并在合同中约定劳动者应当遵守劳动纪律、用人单位应当按照本单位规章制度提供劳动条件和劳动待遇,就表明劳动者承认内部劳动规则并愿意受其约束。可见,内部劳动规则实际上成了劳动合同的附件。法律赋予内部劳动规则以效力,是强化劳动合同效力的必然要求。② 工作规则既然系雇用人一方所定,当然就有片面变更之自由,但对依前一工作规则之内容成立劳动契约之劳动者,雇用人却不能主张变更后之工作规则亦对此劳动者当然有效,因为劳动契约的当事人一方并无单方变更契约内容之权。反对变更工作规则而仍然依照前规则提供劳动之劳动者,与雇用人之间对此发生争执,仍属契约上合意的问题,而非违约问题。当然,如果劳动者默然服从新变更的工作规则而继续劳动,则是对新规则的承认。③

对于制定主体不合法或制定程序不合法的内部劳动规则,一般应确认为全部无效;对于内容不合法的内部劳动规则,一般只应就其不合法部分确认为无效,其余部分则仍然有效。④ 内部劳

---

① 董保华:《劳动合同研究》,中国劳动社会保障出版社 2005 年版,第 171 页。
② 王全兴:《劳动法》,法律出版社 2004 年版,第 187 页。
③ 黄越钦:《劳动法新论》,中国政法大学出版社 2003 年版,第 144 页。
④ 王全兴:《劳动法》,法律出版社 2004 年版,第 136 页。

动规则应在本单位范围内对全体职工和单位行政各个部分都具有法律约束力。主要表现在：首先，内部劳动规则必须在本单位范围内全面实施，劳动过程中的各种劳动行为和用工行为都必须受内部劳动规则约束，全体职工和用人单位的权利和义务都应当以内部劳动规则为依据；其次，遵守内部劳动规则是全体职工和用人单位的法定义务和约定义务，对模范遵守劳动纪律的职工应当给予奖励，对违反劳动纪律的职工应当给予惩处，对违反内部劳动规则的用人单位应当追究法律责任；再次，职工与用人单位因执行内部劳动规则发生争议，应当依法定的劳动争议处理程序予以处理。① 当用人单位单方作出不利于劳动者的规章制度变更时，原则上对于反对该变更的员工无效，但如果该不利变更更有其合理性及必要性时，例外地可以对反对该变更的员工有效。

（2）内部劳动规则与劳动合同效力关系

内部劳动规则作为劳动合同的附件，具有补充劳动合同内容的效力；劳动合同所规定的劳动条件和劳动待遇不得低于内部劳动规则所规定的标准，否则以内部劳动规则所规定的标准代替；劳动合同中可以特别约定其当事人不受内部劳动规则中特定条款的约束，但这种约定应当以对劳动者更有利为前提。② 内部劳动规则无效一般不影响劳动合同的效力，但对于以内部劳动规则的某部分内容为依据的劳动合同条款来说，则可能随着内部劳动规则中该部分内容的无效而无效。③

---

① 王全兴：《劳动法》，法律出版社 2004 年版，第 188 页。

② 同上。

③ 同上书，第 136 页。

第三节　意思表示判断标准

意思表示自愿真实是指行为人为使其意思自治发生完全的法律效力，不仅须在形式上具备意思表示行为的构成要素，而且此表意行为在行为过程中还应符合自愿真实的条件要求。[①] 换言之，表意人的表示行为应当真实地反映其内心的效果意思，即表示行为应当与效果意思相一致。在意思表示不真实的情况下，如何确定行为人所作出的不真实的意思表示的效力，各国立法和学说有三种不同的观点：第一是意思主义；第二是表示主义；第三是折中主义。认为在意思表示不真实的情况下，应根据具体情况，既考虑行为人的内心意思，也要考虑其外部表示，兼顾表意人和相对人的利益。在劳动合同中，我们要接受折中说的观点，将内心意思与外部表示紧密结合，谨慎判断当事人的真实意思。各国民法理论与实践将此标准要求分为意思表示自愿和意思表示真实两项，并对违反后一要求的行为给以更复杂的效力评价。

一　意思表示自愿

意思表示自愿要求行为人的意思表示必须出于其自由意志，而非因他人不当干涉所为，此种不当干涉可以是对方当事人所为，也可以是第三人所为。而且受到干涉的当事人即为利益受有损害的一方，此当事人对其非自愿的意思表示既无故意，也无过失。法律对此类行为的效力评价不能从制裁表意行为人的目的出

[①]　董安生：《民事法律行为》，中国人民大学出版社 2002 年版，第 149 页。

发，而应以保护非自愿表意人的利益和排除不当干涉因素的影响为目的。劳动合同中意思表示非自愿主要包括胁迫和不正当影响，而且它是劳动合同当事人形成意思表示的直接原因，即必须是因对方胁迫或不正当影响，使当事人陷于违背真实意思而为意思表示。仅有胁迫或不正当影响，不足以构成意思表示瑕疵。所以意思表示自愿与意思表示真实是密不可分的。表意人是否因胁迫而形成意思，也是要通过司法拟制技术，由法院以证据认定的方法加以认定。这种认定，也应以表意人所为意思表示的内容与胁迫指定的效果范围有同一性为限。[①] 例如劳动者甲受到乙的胁迫要清偿高利贷债务，甲为还钱与某用人单位签订劳动合同，通过获得薪酬来还债。此劳动合同的订立并不是胁迫指定的效果范围，故不得引据非法胁迫而撤销。

二　意思表示真实

劳动合同是当事人之间的一种合意，此合意能否产生法律上的效力取决于意思表示是否真实。生效要件的意思表示与成立要件的意思表示的侧重点不同，合同的成立要求意思表示一致，即承诺的内容要与要约的内容一致，而合同的生效则进一步要求意思表示的自主性和真实性。意思表示真实表明行为人的内容意思与外在表示是否相一致或相符合，主要通过对不真实意思表示行为的效力评价规则实现。以非真实表意行为的主体和心理状态将其分为：双方有意识的不真实行为，一方有意识的不真实行为，双方或一方无意识的不真实行为（此即重大误解行为）。

[①]　龙卫球：《民法总论》，中国法制出版社 2002 年版，第 505 页。

　　双方有意识的不真实行为即恶意串通行为，在劳动合同中又分为恶意串通损害国家利益的行为和恶意串通损害第三方利益的行为。前者主要是劳动合同当事人本无订立劳动合同实现各自合法利益的意图，但为谋求非法利益，寻求以合法形式掩盖其非法目的而订立劳动合同，如毒品、军火生产加工作坊，劳动者也许是生活所迫，但为该类严重侵犯国家利益的组织提供所谓"劳动"，也应属恶意串通之列。后者主要是用人单位与劳动者订立劳动合同的目的，是想借用该劳动者从第三方处获知的商业秘密或技术信息牟利，对该劳动者支付高薪。商业秘密或技术信息的获知途径在所不问。

　　一方有意识的不真实行为是指一方当事人故意隐匿心中真意而表示了与其真意不同含义的意思表示行为。《劳动合同法》规定采取欺诈、胁迫的手段订立的劳动合同无效。这一规定的目的显然在于约束具有欺骗意图的真意保留行为，防止因"相对人或第三人不知其情，误以为真，常蒙不测之损害也"。[①] 但笔者在后述内容当中，已将其作为劳动合同可撤销的类型，主要是出于实现劳动者利益最大化的考虑。同时存在重大误解劳动合同也在该内容中有阐述。

第四节　形式多样化与效力考量

　　劳动合同的形式是劳动合同内容赖以确定和存在的方式，即劳动合同当事人双方意思表示一致的外部表现。各国对劳动合同

---

　　① 　史尚宽：《民法总论》，转引自董安生《民事法律行为》，中国人民大学出版社 2002 年版，第 152 页。

形式的选择可归纳为三种模式：一是允许一般劳动合同采用口头形式，只要求特定劳动合同采用书面形式，如《法国劳动法典》规定允许劳动合同采用口头形式，但《海上劳动法》规定海上劳动合同必须采用书面形式；在普通法中，几乎没有对雇佣契约所应采取的形式作出明确的规定，可以采取书面形式、口头形式，或者是以契据和行为的结合形式，它可以作为一份广告、一次面试、协商、信件交换或者寻常谈话的结果出现。根据英国判例，雇佣契约可以是书面或口头的，形式上并没有特别的要求。二是一般要求劳动合同采用书面形式，但在特殊情况下可采用口头形式。三是要求所有劳动合同都采用书面形式，如《俄罗斯联邦劳动法典》，但它同时又规定，无论聘用劳动者是否已经按规定方式办理了手续，劳动者实际参加工作即意味着订立了劳动合同。①

　　在双方完全合意，其他证据确凿时仅因形式不备而武断地否定合同效力，不仅违反当事人间业已形成的自由意志，而且极有可能助长一方恶意承诺，从而导致信赖合同的相对人遭受利益上的损失，最终造成利益不公。英美法中的口头证据法则从证据上考量，以书面形式排斥口头证据的援用，从合同解释的规则出发，不允许以口头证据去增加、变更、抵触书面合同，与合同效力本身没有直接的联系。显然，合同形式对于确保当事人利益平衡并无作用，利益平衡的法律愿望只能通过对合同订立过程和内容的有利规制才能实现。② 因此，劳动合同形式应体现多样化。

---

　　① 王益英主编：《外国劳动法和社会保障法》，中国人民大学出版社 2001 年版，第 676 页。

　　② 黄名述、张玉敏主编：《罗马契约制度与现代合同法研究》，中国检察出版社 2006 年版，第 92 页。

劳动合同按其表现形式一般有书面、口头和默示三种形式。

一　书面合同的效力考量

有关书面合同的效力问题必须根据法律对合同书面形式的要求，以及在该要求中所体现的效力的规定来具体确定合同的效力。我国《劳动合同法》第 10 条第 1 款规定："建立劳动关系，应当订立书面劳动合同"。订立书面劳动合同是用人单位的法定义务。立法者在规定某种合同形式为法定形式时，可以赋予该法定形式四种不同的法律效力：其一为证据效力，其二为成立效力，其三为生效效力，其四为对抗效力。《劳动法》第 19 条规定："劳动合同应当以书面形式订立"，立法者的意图是将劳动合同的书面形式作为劳动合同的生效要件，当事人订立劳动合同未采用法定形式，劳动合同只要具备成立要件依然成立，但不发生法律效力。

以明确的普遍的语言形式传递一般行为标准是清楚、可靠和肯定的，但是任何选择用来传递行为标准的语言形式——判例或立法，无论他们怎样顺利地适用于大多数普通案件，都会在某一点上发生适用上的问题，将表现出不确定性，它们将具有人们称之为空缺结构的特征。这就使我们认识到我们不应该抱有这样一种近乎理想的观念：一个规则应详尽无遗，以使它是否适用于特定案件总是预先已经确定，在实际适用中从不发生在自由选项中作出新选择的问题。① 所以，书面劳动合同应该是明确双方当事人利益的最佳选择，在实践中，无论是当事人还是劳动行政部

_____

① ［英］哈特：《法律的概念》，张文显等译，中国大百科全书出版社 1996 年版，第 128 页。

门，都应努力促成和保障劳动合同的书面化。

二　口头合同的效力考量

当事人未采用书面形式但一方已经履行主要义务，对方接受的，该合同成立。存在并且能够证明存在口头约定的，则按证明的劳动合同内容予以确认，并由相应的劳动合同管理机关督促用人单位与劳动者签订书面劳动合同；存在口头约定，但就其内容无法加以证明的，根据劳动基准法、集体合同和实际劳动关系对无法证明的部分作出对劳动者有利的推定；不存在或不能证明存在口头约定，但却有用工事实存在的，对此事实劳动关系就存在着法律如何对待及后果处理确定规则的问题。[1]已存在劳动关系，但用人单位与劳动者未以书面形式订立劳动合同的，除劳动者有其他意思表示外，视为用人单位与劳动者已订立无固定期限劳动合同，并应当及时补办订立书面劳动合同的手续。

世界上许多国家和地区都承认口头劳动合同或采取变通模式，[2]对没有采用书面形式的劳动合同并不是一概否认其效力，而是放宽劳动合同生效要件，以实现劳动合同形式多样化。对于口头劳动合同的承认及其变通模式主要有：

---

① 冯彦君：《口头劳动合同法律效力和事实劳动关系》，《中国劳动》2006年第1期。

② 《越南劳动合同法》第6条规定："劳动合同可以书面或口头形式成约。口头劳动合同的成约必须遵循本法令和其他现行劳动法规的规定。"美国劳动法也承认口头契约的效力，在著名的泰森与其启蒙教练的案例中，虽然最终法官不认为泰森承诺长期雇佣其教练的承诺是一个确定期限的劳动契约，但是法官显然确认这种口头的不确定期限的劳动契约具有合法的效力。转引自董保华主编《劳动合同研究》，中国劳动社会保障出版社2005年版，第41页。

一种模式是使定期劳动合同因未采用书面形式而转化为不定期劳动合同。如《法国劳动法典》L－122－3－1规定："定期劳动合同必须用书面形式制定并应准确表述订立合同之原因，非如此，订立的合同视为无确定期限"。[①]　即非书面合同就意味着是签订了一个没有特别说明时间的劳动合同。比利时《雇佣合同法》规定，如缺乏书面文件的合同已按一定期限或明确的工作任务签订，则应当作为以相同条件签订的没有一定期限的合同。我国台湾地区《劳动基准法》第9条规定："定期契约届满后，劳工继续工作而雇主不即时表示反对意思者，视为不定期契约"。

另一种模式是劳动者因劳动合同未采用书面形式而有权单独证实其权利。如《利比亚劳工法》规定，雇佣合同应该用阿拉伯文字书写，在没有书面合同的情况下，应允许工人单独以任何有效的证明方式确立其权利。《伊拉克劳工法》规定，若书面合同遗失，唯独工人有权用某种可行的证明方式对合同加以证实。《巴林劳工法》规定："雇佣合同必须书面签订，在没有书面合同的情形下，工人得以各种办法提供证据来确立自己的权利"。德国《证据法》对劳动合同没有书面形式的要求，规定雇员享有要求制作关于其主要劳动条件的书面证明的请求权。

第三种模式更为灵活，只要劳动者参加工作，提供劳务，即存在劳动合同。如俄罗斯规定无论聘用劳动者是否已经按规定方式办理了手续，劳动者实际参加工作即意味着订立了劳动合同。秘鲁相关法律规定，在被认为提供了有偿或从属性服务的情况

---

① 罗结珍译：《法国劳动法典》，国际文化出版公司1996年版，第23页。

下，应视为已存在雇佣合同，除非该项服务不能被证实。《越南劳动合同法》第 14 条规定："劳动合同自双方签订或商定之日起生效。劳动者已进行实际工作或试用，而双方未另就试用单独签订合同，劳动合同自工作之日或试用日起生效。确定期限的合同、工作合同、季节合同已结束，但劳动者仍继续工作，而双方未表示终止合同，该合同自然继续生效，直至双方宣布合同终止。"这些规定均有防止产生所谓无效劳动合同问题的功能。2001 年《最高人民法院关于审理劳动争议案件适用法律若干问题的解释》规定："用人单位应当与劳动者签订无固定期限劳动合同而未签订的，可以视为双方之间存在无固定期限劳动合同关系"。《劳动合同法》也明确规定，用人单位自用工之日起满一年不与劳动者订立书面劳动合同的，视为用人单位与劳动者已订立无固定期限劳动合同。这实际上是对口头劳动合同的书面拟制性。

在涉及非书面形式的劳动合同纠纷中，劳动者对其权益主张不负举证责任，如果用人单位提不出有效证据来反驳这种主张，就应当支持劳动者的主张。这样，用人单位利用口头劳动合同谋取更多利益的企图就难以得逞，而且还会因口头劳动合同带来更为不利的后果，这会促使用人单位积极签订书面劳动合同。

三 默示合同的效力考量

默示合同条款主要是在当事人契约未加约定的情况下，法院依照当事人的默示意图或推定意图来识别存在于双方当事人之间的合意条款，在私法中补充明示契约的不足。沉默作为一种不作为的形式以及其他任何一种不使用某些话语或符号的行为，在特定情况下具有法律行为上的意思表示的意义，在劳动合同中，这种默示形成的合意非常普遍。如工作规则的变动，劳动者不提出明确反对，即可认为是对工作规则变更的同意，形成合意；雇主临时调动劳动者去另外岗位工作，劳动者服从安排，形成合意。[①]

四　格式合同的效力考量

劳动合同多属附合性合同，在实践中通常表现为由劳动者对用人单位提出的劳动合同主要条款附合表示同意的过程，只要用人单位提出的合同条款不违法，这种附合性合意行为就为法律所允许。随着工作效率的提高，劳动合同附合化特征愈来愈明显。格式合同本身反映了强者与弱者经济实力的不均衡，特别是近代资本形态的快速发展，超大资本集团与受雇者之间平等性差距愈来愈大，而劳动者的劳动力却无法储存，无法恢复原状，特别是劳动力往往是劳动者生活维持的唯一来源，因此劳动者对大企业的优越经济地位无法抗拒，系处于被迫缔约的状态，缔约自由大打折扣。表现在以下几方面：其一，缔约过程的附合化。劳动者只能被动地接受或不接受，要约与承诺过程简单化。劳动者如不接受某些条款，则意味着失去劳动合同当事人资格，所以合同内容协商的自由很难实现；其二，劳动保护和劳动条件附合化。特别是国家劳动标准法未曾涉及的领域，对劳动者履行合同义务的危险因素增加。劳动者在缔约时亦只能接受企业现有的劳动条件，同意雇主制定的有关劳动条件条款，鲜有讨价还价的机会。

---

① 侯玲玲：《劳动合同的特殊性研究》，《法学》2006 年第 1 期。

现实中存在许多雇工在有毒有害环境下作业的情况，面对恶劣的工作环境，大多数雇工选择的是默默接受。著名的"安加事件"①就是例证；其三，工作规则的附合化。雇主在劳动合同中除将劳动条件统一确定外，还制定统一的劳动纪律、规章、制度等工作规则，以规范雇工在企业内的工作方式与行动。工作规则由雇主单方面制定，从而充分发挥雇主的支配管理权，实则亦构成劳动合同履行上的附合化。且不论我们如何给工作规则定性，缺乏劳动者参与制订或根本不允许劳动者参与制订的工作规则，对劳动者来说都是对意思自由的悖逆。②

劳动合同附合化有其存在的合理性。单个劳动者的个别劳动在需要劳动者协同劳动的社会化大生产背景下已经不能孤立存在，这就要求对待每位劳动者的标准同等化，劳动合同的附合性适应了这一要求，同时也节约了交易成本，降低了交易费用，有利于缔约和履约。但是其存在的弊端也尤为明显，它使劳动合同偏离了平等协商的轨道，成为对强势一方有利的变相单向性合同③。

---

　　①　"安加事件"，广东省东莞市清溪镇的台资企业安加鞋厂由于使用的胶水罐上并没有按职业病防治法规定标明胶水成分及成分危害性和急救处理的方法。加之安加鞋厂一厂2楼车间没有通风渠和抽风机，加温隔层处也没有排气管道，有毒、无毒作业场所混在同一车间内，员工所戴的胶手套和棉手套也都不符合要求。这些致使20岁的田朵娜正己烷中毒。她的四肢已不能灵活运转，手指无法抓紧筷子。同田朵娜一样的还有来自贵州、河南、四川、湖北等地的27名打工妹由于曾在安加鞋厂打过工而有可能正己烷中毒。有的已经面临瘫痪的危险。转引自隋晓明编著《中国民工调查》，群言出版社2005年版，第84页。

　　②　谢德成：《论劳动合同法之基本原则》，http://www.51Labour.com/labour-law/show-8766.html，2008.3.15。

　　③　林海：《浅析劳动合同的附合性》，《广西政法管理干部学院学报》2002年第3期。

为抗衡商业资本组织的优势地位，作为劳动合同内容的劳动条件受到相当程度的限制。一方面，政府往往以劳动基准作为劳动条件的上下限，劳动基准的设定，表明政府除了维护当事人契约内容"主观上的公平性"之外，尚要关注到契约对社会的影响，所以特别注重契约内容"客观上的妥当性"①。此外，劳动者团体——工会与雇主缔结的团体协约也会对劳动契约的内容进行干预或影响。劳动合同的统一规定如一般劳动条件、一般合同规则等，它不是个别地和单个雇员进行谈判形成的，而是对企业所有雇员都是统一标准性的，对雇员来说，它可能既包括有利的也包括不利的规定，它经常是通过格式劳动合同作为单个劳动合同标准完成的，由此会在雇主和雇员之间达成明确的一致。

劳动合同在满足了上述生效要件后，尚须经用人单位与劳动者在劳动合同文本上签字或者盖章生效，《劳动合同法》第 16 条对此有明确规定。用人单位的签字或盖章可存在多种形式，一般盖法人章，必要时可书面委托所属的有关部门代为盖章，或由法定代表人签字，或由受委托的人代为签字。劳动者应当自己签字或者盖章。之所以允许用人单位签字盖章形式多样，主要是为促成劳动合同的生效，避免用人单位以签字盖章不规范为借口否认劳动合同的生效。司法实践中曾有一例：② 原告范某诉被告上海某服饰公司聘用合同效力一案，被告曾向原告出具"委任原告范某为被告公司总经理"的委任书，委任期限至 1999 年 6 月 30 日；1997 年 9 月 30 日，原告与被告签订聘用合同书，合同期限

---

① 黄越钦：《劳动法新论》，中国政法大学出版社 2003 年版，第 35 页。
② 祝铭山主编：《劳动合同纠纷》，中国法制出版社 2004 年版，第 250 页。

自即日至 1998 年 9 月 30 日，聘用岗位仍为公司总经理，聘用合同就薪酬及提成奖金做了约定。1998 年 9 月 26 日，被告免去原告总经理职务，原告要求被告支付按照聘用合同约定的年薪余额及提成奖金，被告认为聘用合同无效，理由是被告公司章程规定："职工的工资待遇由董事会决定，职工有权向公司提出增加薪金的要求，由董事会予以决定。"而原告所称的聘用合同只是由原告与公司行政部经理吴某签订的，虽然吴某负责签订合同事宜，但他无权与总经理签订高薪聘用合同。此案经两级法院审理均认为，原告范某作为公司总经理应当知道其下属法律人事部门若欲代表公司与其签订有关薪金的聘用合同，必须经过公司董事会授权，未经授权所签订的聘用合同当属无效。鉴于原告确在被告处工作，被告董事会又未对原告工资待遇有明确决定，故参考被告的有关年薪制度及原告的实际工作情况，对原告的年薪收入可按照原告上一年的实际收入进行处理。这一案例提示我们，用人单位签字盖章形式的重要性，原告范某尚且是公司高级管理人员，如果是一名普通劳动者，如果对公司章程不明知，那么他与公司法律人事部经理吴某签订的劳动合同中有关薪金部分效力又如何呢？笔者认为在这一点上，对普通劳动者应给予强有力的保障，认定此部分合同条款的效力。确定劳动合同生效时间的意义在于：一是确定劳动合同对双方当事人发生约束力的时间；二是虽然劳动合同未生效时也可以按照法律规定或者实际履行的标准确定劳动者的待遇，但各项劳动合同内容并未确定，而劳动合同生效时，所有双方约定的内容都开始生效，双方应当按照劳动合同的约定执行。

第三章　劳动合同无效的确认及后果

　　劳动合同符合生效要件理所当然产生预期法律效果。当劳动合同不符合生效要件时，基于其严重损害国家、集体或社会公益，必须加以阻遏和事后调节。当然要根据不同程度区别处理绝对无效和相对无效等不同效力。不符合生效要件的劳动合同与劳动合同不成立有质的区别。劳动合同不成立是指根本不存在劳动合同，不发生劳动合同的效果，而不符合生效要件的劳动合同是已存在的劳动合同能产生一定的法律后果，如可撤销劳动合同在未撤销时是有效的，绝对无效的劳动合同有时能转化为有效的劳动法律关系。

第一节　劳动合同无效的界定

一　劳动合同无效的含义

　　劳动合同无效是指用人单位与劳动者签订的合同因严重欠缺

生效要件，在法律上不按当事人的约定发生法律效力。劳动合同的无效是相对于劳动合同的有效而言的。劳动合同的效力是劳动法理论与司法实践中的一个基本问题，无效劳动合同的认定与处理又是其中的关键问题。[①] 无效劳动合同虽不按当事人的约定发生法律效力，但并非不发生任何法律效力。

在劳动法学界，对于无效劳动合同的理论曾经存在两大流派：一派是主张在劳动法中引入传统民事合同无效制度；另一派是反对引入民事合同无效制度，主张应构建具有劳动法特点的无效制度。笔者认为，劳动合同作为一法律行为，法律必然要对其进行价值判断，在对劳动合同效力评价时不可避免地要借鉴一些对其他法律行为判断的标准和方法，也许基于共具有合同的外在特征，劳动合同与民事合同似乎走得更近一些，但这并不能说明劳动合同就是照搬民事合同的内容，同时劳动法毕竟根植于民法，也不能说劳动合同与民事合同毫不相干，每项制度都有各自的特点。它们都是在共同的本源——无效法律行为上寻找各自的突破口。

二　劳动合同无效与民事合同无效

劳动合同与民事合同因调整关系的不同，在无效的原因、无效的后果、国家对无效的态度等方面均有不同。人身性关系不可撤销是劳动合同无效的一个显著特征，无效合同制度只能调整财产性民事关系，而对人身性民事关系同样无能为力。

1. 无效的原因不同。劳动合同不是双方当事人可以完全以

[①]　睢素利：《特殊劳动案件的认定与处理》，《法学杂志》2007年第3期。

其自由意志来决定的，劳动法规定了劳动基准和集体协商制度，劳动合同在很大程度上受到劳动法严格的制约，当事人能够协商确定的事项或者范围是有限的。因此，由于当事人意思表示产生无效的可能性大大降低。无效劳动合同的原因缺乏系统的理论指导，主要依源于法律的相关规定；而民事合同的内容是无限的，完全由当事人双方通过协商加以确定。特别是无效民事合同的范围在统一合同法以后基本形成一致，绝对无效的范围大大缩小，相对无效和效力待定的范围扩大，并且在理论上形成了相关的体系。

2. 对无效的态度不同。无论从什么角度看，无效对于劳动者的不利后果都要大于对用人单位的不利后果，基于对劳动者的倾斜保护，各国劳动法都不轻易宣布劳动合同无效；而民事合同则没有此类担忧。

3. 无效的后果不同。一般无效合同之无效是自始无效、当然无效、确定无效、永久无效。而这一特点却与劳动合同的特殊属性完全背离。①

（1）自始无效与劳动关系人身性的矛盾

自始无效是无效合同自始不发生效力。基于民事合同原则建立的无效合同制度只能调整财产性民事关系，而对人身性关系无能为力，即劳动关系的人身属性使得劳动力返还不可能；如果坚持民事合同无效的后果，劳动报酬可以返还，而劳动力不能返还，则会出现显失公平的后果，违背法律的公平正义价值。

---

① 这一内容参考了陆胤、唐婵凤，董保华主编《论劳动合同无效》，《劳动合同效力研究》，中国劳动社会保障出版社 2005 年版，第 209—214 页。

（2）当然无效与劳动法律规范相对强制性的矛盾

当然无效是指不待任何人主张，也不待法院或仲裁机构确认和宣告即无效，并不排除当事人或当事人以外的第三人申请主张合同无效的权利。合同的当然无效是由于其违反了法律的强行性规范。但在劳动法中，强行法之违反并不当然无效。由于现代劳动法特别强调对劳动者的保护，因此在违反强行法时，仍需视其结果对劳工是否有利而定其效果，如果对劳工不利时，当然无效；对劳工有利者，则为有效。① 而劳动法律规范具有相对强制性的特点，即对于用人单位而言是不得违反的强制性规范，而对于劳动者则是可以行使或放弃的任意性规范。如《劳动合同法》规定，建立劳动关系应当订立书面劳动合同。若依通常法律术语的解释，应当即为必须，所规定的相应内容是法律的强制性规定，必须遵守，否则无效。然而从社会法角度来看，劳动合同法的这项规定属相对强制性规范，它要求用人单位必须履行同劳动者签订劳动合同的义务，否则就会有双倍工资和无固定期限的拟制缔约惩罚。由此看来，劳动合同法对此所谓的法律强制性规定，采取的就是柔性救济方式，即便用人单位违反了此强行性规定，也不能判定此劳动合同当然无效，而是通过惩罚性手段要求用人单位必须按照强行性规范纠正和补足。此规范对劳动者来说就具有较强的任意性，即使违反也不承担法律责任。特别是由于劳动基准和集体合同的存在，就像劳动者的保护网，劳动合同中的劳动条件、劳动报酬低于劳动基准或集体合同的标准，劳动合同也不当然无效，而是要求用人单位按照劳动基准或集体合同的

---

① 黄越钦：《劳动法新论》，中国政法大学出版社 2003 年版，第 20 页。

标准来履行合同义务。

（3）确定无效与劳动关系继续性的矛盾

确定无效是无效合同不会因其他事由的发生而转变成有效合同。劳动合同属于继续性契约，劳动者在劳动期间继续提供劳动，用人单位继续保障劳动条件，支付劳动报酬，劳动合同的内容随着时间的经过而不断变化。因此，王泽鉴提出对于继续性契约（尤其是雇佣及合伙），应限制无效或撤销的溯及效力，自当事人主张不生效时无效或撤销只使其向将来发生效力，过去的法律关系不因此而受影响。① 例如，劳动者因未达到法定就业年龄，其所签订的劳动合同理应无效，但由于时间的经过，劳动者达到了法定就业年龄，此时若仍确认劳动合同无效既无必要，也有碍于法律评价的公正性；再如，劳动报酬基准随着经济发展而变化，原有合法的劳动报酬约定已明显低于现行劳动报酬基准，该继续性劳动合同可以通过对劳动报酬条款的调整而保持其有效状态。

（4）永久无效与劳动关系从属性的矛盾

永久无效是指无效合同不得履行，没有向后的法律拘束力。② 劳动合同一经缔结，劳动者即与用人单位具有了人格及经济上的从属关系，而且这一从属关系不会因为劳动合同效力的有无而改变。即便劳动合同无效，也不能阻碍用人单位行使对劳动者的指示、检查、制裁的权力，同时用人单位仍要承受劳动者的危险责任负担。如因工具、原料等造成劳工之损害，会产生职业

---

① 王泽鉴：《债法原理》，中国政法大学出版社 2001 年版，第 134 页。
② 董保华主编：《劳动合同研究》，中国劳动社会保障出版社 2005 年版，第 214 页。

灾害补偿责任。

三 劳动合同无效与劳动关系无效

劳动者与用人单位建立劳动关系的时间与订立劳动合同的时间并不完全同步。《劳动合同法》第7条、第10条规定,用人单位自用工之日起即与劳动者建立劳动关系。建立劳动关系,应当订立书面劳动合同。已建立劳动关系,未同时订立书面劳动合同的,应当自用工之日起一个月内订立书面劳动合同。用人单位与劳动者在用工前订立劳动合同的,劳动关系自用工之日起建立。我们以建立劳动关系为一判断基点,对劳动合同与劳动关系分阶段辨析。

（一）劳动合同订立而劳动关系尚未建立

在建立劳动关系之前订立劳动合同的情形。这种情况现实生活中并不多见,一般存在于用工管理较为规范的用人单位与具有一技之长的高素质劳动者之间,多为尽量争取人才、留住人才的手段。订立书面劳动合同后建立劳动关系之前的这一段时间,劳动合同已自双方签字盖章时生效,而劳动关系尚未因用工而建立,此时劳动合同的任何效力结果均与劳动关系无关,劳动合同并不一定能引发劳动关系。当然,劳动合同当事人也不得随意解除劳动合同,若解除劳动合同给对方造成损失的,应当承担相应的责任。

（二）劳动合同订立劳动关系建立

在建立劳动关系的同时订立劳动合同的情形。用工是指用人单位实际上开始使用劳动者的劳动力,劳动者开始在用人单位的指挥、监督、管理下提供劳动。如果用工之日即订立劳动合同,那么劳动关系建立的时间与劳动合同订立的时间是一致的,此时劳动合同无效就会对劳动关系的存续产生影响，但伴随着无效劳动合同存在的那一段劳动者已付出劳动的劳动关系仍然要予以保护。《劳动合同法》第28条规定："劳动合同被确认无效，劳动者已付出劳动的，用人单位应当向劳动者支付报酬。"

（三）劳动关系建立后订立或拟制劳动合同

在建立劳动关系之后订立劳动合同的情形。已建立劳动关系，未同时订立书面劳动合同的，应当自用工之日起一个月内订立书面劳动合同。本应该在建立劳动关系的同时订立书面劳动合同，但考虑到用人单位劳动用工管理的实际工作量，给予一个必要的宽限期。在这一个月的期间，存在着受劳动合同法保护的劳动关系，但尚未有劳动合同来支撑，若在这一期间订立的劳动合同无效，对先前就已经存在的劳动关系不会产生任何影响，而只会对合同订立之后存在的劳动关系产生影响。《劳动合同法》第11条规定："用人单位未在用工的同时订立书面劳动合同，与劳动者约定的劳动报酬不明确的，新招用的劳动者的劳动报酬按照集体合同规定的标准执行；没有集体合同或者集体合同未规定的，实行同工同酬。"第82条第1款规定："用人单位自用工之日起超过一个月不满一年未与劳动者订立书面劳动合同的，应当向劳动者每月支付二倍的工资。"这一规定旨在敦促用人单位尽快与劳动者订立劳动合同，以避免承受惩罚性的工资支付后果。如果用人单位自用工之日起满一年不与劳动者订立书面劳动合同的，视为用人单位与劳动者已订立无固定期限劳动合同。这一规定明确了没有书面劳动合同情况下的劳动合同期限，即此劳动合同无确定终止时间，对于用人单位来说没有终期，只有当出现法律规定的终止情形或者法律规定的可以解除劳动合同的情形时才能终止或者解除；而对于劳动者来说，既可以选择享有稳定的职业模式，也可以选择提前三十日以书面形式通知用人单位解除劳动合同，寻求新的事业目标。

综上分析，事实上任何契约都会有比任何人瞬间所能想象的远为复杂的后果。"同意与计划的等式不可能是永远有效的。它的拟制性是巨大的；的确，如果我们考察一下复杂的、持续的契约关系，我们就会发现同意充其量只能发挥一种触发性作用，而把同意与复杂的计划的全部等同起来绝对是愚蠢的。"[①] 劳动合同的无效只是表明劳动合同作为一种劳动关系触发机制的失效，并不代表劳动关系不能产生或同样失效，在其他机制（如用工）的触发下，劳动关系依然可以产生并实际履行。无效劳动合同应建立在劳动合同的社会化理论基础上，劳动关系应当注重实际履行，劳动合同仅仅是触发劳动关系的机制，在立法上应慎提无效，不轻易宣布无效，即使产生无效劳动合同，只要劳动关系实际履行，就应将其纳入到现有劳动法体系内进行规制。

（四）除劳动合同外，劳动关系产生的因素

既然劳动合同仅是劳动关系的一种触发机制，那么劳动关系还会因其他形式而产生：

1. 未成年人的代理人在进修关系结束后可以通过单方面意思表示产生不附期限的全时劳动关系。这是德国法中的一项规定。此进修关系表明未成年人已接受用人单位的培训和实习，符合用人单位的用人要求，在进修关系正常结束后，未成年人的代

---

① ［美］Lan R. 麦克尼尔：《新社会契约论》，中国政法大学出版社 2004 年版，第 45 期。

理人若愿意继续此劳动关系，可直接依单方意思表示产生，无需依劳动合同产生。

2. 在发生用人单位主体变动时，只要劳动者不提出异议，企业受让方基于强制性立法加入劳动关系，此即劳动契约承继制度。尽管劳动者在实质上不能阻却公司分立活动，但对直接涉及自己切身利益的劳动契约的存续与否应该有相对的意见表达权利。① 日本劳动契约承继制度基本上是围绕着告知和异议两个程序性环节进行组织设计的。劳动者首先要对公司分立事实、分立计划书或分立协议中是否就劳动契约承继问题做出了安排和约定以及具体登记内容予以知情，然后斟酌衡量是否存续劳动契约，并能够提出有利于自己的意见或异议。《劳动合同法》第 34 条明确规定："用人单位发生合并或者分立等情况，原劳动合同继续有效，劳动合同由承继其权利和义务的用人单位继续履行。"

用人主体变动可归纳为如下几类情形：第一种情形：原主体消灭，无新主体产生，如破产、解散、关闭、被撤销、拍卖等。如果被消灭主体的资产有受让主体，就可能发生劳动者全部或部分被资产受让主体接受的情形，这样就会有全部或部分劳动者被其他用人单位接受，劳动者愿意与接受单位建立劳动关系的，原用人单位、接受单位、劳动者三方必须签订接受协议，接受单位可以依据接受协议与劳动者重新订立劳动合同；如果劳动者未被其他单位接受或者劳动者不愿和接受单位签订劳动合同，原用人单位可以与其解除劳动合同，并按规定发给经济补偿金。第二种

---

① 冯彦君：《公司分立与劳动权保障——我国应确立劳动契约承继制度》，《法学家》2005 年第 5 期。

情形：原主体消灭，新主体产生，如合并、分立、兼并等。原劳动合同由继承权利义务的用人单位继续履行，用人单位变更名称的，劳动合同还应当变更用人单位名称。当事人也可以协议变更或解除劳动合同。第三种情形：原主体未消灭，但相关因素发生变化，如法律属性变化，如合资、转制等；经营状况变化，如转产、重大技术改造、经营方式变化、跨地搬迁等；主体名称、法定代表人变更、经营方式发生变化等，劳动合同均应当继续履行。《山东省劳动合同条例》第19条规定，用人单位资产性质或经营方式发生变化，主体资格改变的，变更后的用人单位可以与劳动者协议变更或者重新订立劳动合同，变更或者重新订立的劳动合同期限不得少于原劳动合同未履行的期限。[①]

3. 在雇主死亡时，按照全部继承的方式，雇主的地位由其继承人继承，但在雇员死亡时劳动合同消灭。

4. 在国防紧急情况下，通过行政行为也可以产生劳动关系。[②]

第二节 劳动合同无效的评价思路

一 权力扩张型思路

国家在立法时主张将一切有碍于交易公平或有损于第三人利益、社会利益的合同均作否定性评价。在此立法精神的指导下，国家成为代替当事人进行判断的主体，当事人行为的微小

---

① 王全兴、侯玲玲：《劳动合同法的地方立法资源评述》，《法学》2005年第2期。

② ［德］W. 杜茨：《劳动法》，张国文译，法律出版社2005年版，第46页。

瑕疵就足以使其审慎做出的选择完全付诸东流，合同被宣布无效的情况时有发生，使当事人预期利益无法实现。在计划经济体制下，我国政府选择了优先发展重工业的资本密集型的经济发展战略。这样的经济发展模式必然要以人为的扭曲市场要素（包括劳动力、资本、原材料等）价格、降低重工业发展成本为手段，这就排除了市场机制对资源的配置可能，而必须依靠政府对社会资源的垄断和计划配置。我国当时的劳动政策严格限制企业的雇佣自由权和劳动者的择业自由权，采取计划管理的行政手段排斥市场机制对劳动力价格的调节，实现在价格扭曲的情形下劳动关系的运行，从而形成了工资计划管理体制和严格限制劳动力流动的劳动管理制度。[①] 这一劳动管理体制的弊端有目共睹，政府应同时关注不同的利益群体，即使其为落后的或少数的群体亦然。

二　权力限缩型思路

为充分体现当事人意思自治，在不违反法律和公序良俗的前提下，法律要保障当事人享有充分的合同自由，不受行政机关及其他组织的非法干预。换言之，为保证社会秩序和个体自由的平衡，尽可能把国家确认合同绝对无效的范围限定在最低的限度内，只有在严重侵犯社会利益的情况下，才通过法律的禁止性规范确认合同无效。当事人由此成为自己利益的最佳判断者和安排者。法理学者提出："权力必须尊重权利及其法定界限；同时，权力的某些特性也使人们有理由相信，对权力进行恰当的限制是

[①]　曹燕：《劳动合同制度的政策基础与功能冲突》，《政法论丛》2007 年第 3 期。

保障权利和自由的最好办法之一。"① 随着市场经济的逐步确立，政府已经实现了向劳动关系协调者身份的转变，劳动关系的市场化运行核心是劳资双方的自行协调机制的建立。而"自行协调"意味着劳动关系协调依靠的不是行政力量，而是劳资双方的"合意"，即劳资双方遵循市场规则通过意思表示一致而形成并维持劳动关系。依靠市场力量协调劳资关系也是政府"分权"思路的一种延续，反映在劳动关系领域，即赋予企业自主用工和劳动者自主择业的部分权利，使他们之间能够以平等主体的身份通过协商自由确定劳动关系，逐步扩大劳资双方自主决定劳动关系运行的权利。

　　因此，我国劳动合同无效的立法精神采用权力限缩型思路。"我们在当事人可以实现意思自治的瑕疵劳动合同领域，仍然要为双方当事人留下足够的自治空间，国家没有必要也不可能越俎代庖去充当万能的保护人，法律应该相信当事人有维护自身权益的能力，以免出现国家主动代替双方当事人来订立或消灭劳动合同的情形，导致国家权力不当干涉当事人的意思自治。"② 一方面，劳动合同有效要件规定过于严格，在劳动法学界"慎提劳动合同无效"的背景下，却无形中扩大了劳动合同无效的范围。我国劳动合同法对无效劳动合同的范围予以明确的界定，这在逻辑上必然得出完全具备有效要件的劳动合同受法律的保护，不具备全部有效要件的合同不产生法律效力的绝对化的结论。由此可以

---

① 许建宇：《劳动权的位阶与权利（力）冲突》，《浙江大学学报》（人文社会科学版）2005 年第 1 期。

② 张红：《中国劳动合同效力评价机制的反思与重构》，《劳动法实施十周年理论研讨会暨中国劳动法学研究会论文集》2005 年第 246 期。

看出，立法者由于只考虑了法律的引导功能，而对我国劳动市场
上用人单位过于强势，劳动者过于弱势的现状重视不够，以至于
在对无效劳动合同的认定和判断问题上，显得有些武断和不够谨
慎，不利于对劳动者权益的保护。[①] 另一方面，没有给予当事人
补救瑕疵劳动合同的机会。我国劳动合同法在劳动合同效力上只
规定了有效和无效劳动合同，没有规定可撤销劳动合同与效力待
定劳动合同，采用了过于生硬的"二元评价机制"。实际上，从
劳动合同的协商谈判、到签订履行直到终止，都是一个不断变动
的过程，订立合同时的客观情况可能会随着合同履行发生变化，
由于某些新情况的出现，受害人一方可能转换成了受益人。因
此，每个人都是自己利益得失的最佳判断者，而法律在很多情况
下无法具体衡量每一方当事人的利益得失。只要该欺诈、胁迫行
为没有损害到国家利益，不应一律认定合同无效，应当根据具体
情况由受欺诈、胁迫当事人在权衡利弊后，自己决定是撤销合同
还是保持合同的效力。如果用人单位或劳动者认为继续履行劳动
合同比合同无效的结果要好，国家也就无须强行干预。正是基于
无效劳动合同的特殊属性，在对合同效力作出判断时不应该是限
制当事人，特别是劳动者在合同效力选择上的发言权，而应给予
当事人更大的选择自由。[②] 而且将劳动合同的形式限定为书面形
式，就会导致在审理劳动合同纠纷中，相当一部分仲裁机构或法
院对于无书面形式的劳动合同争议，或者不予受理，或者认定为

---

① 张冬梅：《无效劳动合同制度对合同法理论的突破——兼谈无效劳动合同与
无效民事合同的区别》，《中国劳动关系学院学报》2006 年第 5 期。

② 冯彦君：《我国劳动合同立法应正确处理三大关系》，《当代法学》2006 年第
6 期。

无效，保护劳动者权益的目的落空。① 实际上，不订立书面合同
的过错多在用人单位，否认其效力实际上就是让无过错的劳动者
承担了因用人单位的过错行为产生的不利责任，导致不公平的结
果。② 现实生活中没有采用书面形式而形成的劳动关系大量存在，
若简单以无效处理，并不利于对处于弱势地位的劳动者的权益保
护。劳动合同本质是诺成合同，只要双方当事人达成合意，合同即
成立。其成立不需要以书面形式为前提，法定书面形式只是证明合
同存在的证据而不是其成立或生效的要件。其实，《劳动合同法》中
"用人单位自用工之日起满一年不与劳动者订立书面劳动合同的，视
为用人单位与劳动者已订立无固定期限劳动合同"的规定就是使以
书面形式订立劳动合同成为用人单位唯一可以证明自己权利的法律
依据，促使用人单位采用书面形式。③ 这在用人单位主导合同订立
的现实情况下，有助于遏制用人单位滥用优势地位。

第三节　劳动合同无效的确认

对于不符合生效要件的法律行为进行多种效力判断，"要而
言之，此乃立法政策上之问题，亦即视其所欠缺生效要件之性质
如何以为决定"，④ 其目的在于保护社会利益、当事人利益和第

---

① 叶静漪、周长征主编：《社会正义的十年探索——中国与国外劳动法制改革
比较研究》，北京大学出版社 2007 年版，第 192 页。

② 中国劳动法学研究会编：《劳动保障法学论丛》第 1 卷，中国人事出版社
2005 年版，第 100 页。

③ 孙学致：《劳动合同法中的私法属性》，《当代法学》2006 年第 6 期。

④ 郑玉波：《民法总则》，台北三民书局 1959 年版，第 321 页。转引自董安生
著《民事法律行为》，中国人民大学出版社 2002 年版，第 97 页。

三人利益。

一　劳动合同无效的确认标准

（一）各国劳动合同无效确认标准的比较分析

各国对无效劳动合同的认定标准均有不同规定。[①] 比较典型的如在德国，内容违反法律规定、劳动协约、劳动条件及其他待遇所规定的标准部分（除对雇佣工人有利）的劳动合同；以欺诈、诱骗、恫吓、胁迫或伪造证件等手段诱使任何工人签订的合同；违背善良风俗或合同目的不合法、不道德的劳动合同无效。英国调整劳动合同关系的法律主要是判例法，虽然违法行为对劳动合同的有效性会产生影响，但是极少劳动合同被判定无效，但如果订立合同的目的非法，那么劳动合同将由于违法而无效，例如为偷漏税目的。如果劳动者仅是行为违法但主观上为善意，也不能认定劳动合同无效。俄罗斯规定雇佣条件达不到

---

① 德国、日本、巴林、利比亚法律规定：内容违反法律规定、劳动协约、劳动条件及其他待遇所规定的标准部分（除对雇佣工人有利）的劳动合同无效；俄罗斯、日本、韩国法律规定：雇佣条件达不到规定标准或恶化劳动者状况的合同无效；德国、尼日利亚法律规定：以欺诈、诱骗、恫吓、胁迫或伪造证件等手段诱使任何工人签订的合同无效；沙特阿拉伯、新加坡、越南法律规定：合同中规定的服务条件对受雇人不利或侵犯受雇人权利的部分，如劳动合同有限制劳动者加入或参加工会活动权利内容的无效；德国、法国法律规定：违背善良风俗或合同目的不合法、不道德的劳动合同无效；喀麦隆、马达加斯加法律规定：由于雇主原因未取得签证或申请被拒绝的合同无效；法国、越南法律规定：主体不合格，如合同一方无合法资格或无劳动行为能力；意思有瑕疵的合同，如合同一方被逼迫或被欺骗的劳动合同无效；沙特阿拉伯、新加坡法律规定：雇员放弃其所享有的权利所订立的合同无效；利比里亚法律规定：低于最低工资的协议无效；巴林法律规定：未成年人未在保护人的许可下签订的雇佣合同或是在达到合法年龄时未对合同加以认可或者合同未继续得到其保护人或按情况得到法院认可的合同无效。参见《国外有关劳动合同问题的法律规定》，全国人大常委会法工委根据劳动和社会保障部提供的材料整理。

规定标准或恶化劳动者状况的合同无效。新加坡规定，合同中规定的服务条件对受雇人不利或侵犯受雇人权利的部分，雇员放弃其所享有的权利所订立的合同无效。《越南劳动合同法》第8条规定："下述劳动合同被视为全部无效：合同一方无合法资格或无劳动行为能力；合同一方被逼迫或被欺骗；劳动合同内容违反法律禁令；劳动合同有限制劳动者加入或参加工会活动权利的内容。劳动合同部分违反法律禁令时，该部分无效，合同其余部分不受影响。"综上可以看出，各国劳动合同无效多是从意思表示瑕疵、违反劳动强行法规定和公序良俗这两方面来界定的。

（二）我国劳动合同法中劳动合同无效的确认标准及评析

我国《劳动法》第18条规定了劳动合同无效的情形，但这一规定的滞后以及后来合同无效的类型变化，使得在劳动合同法草案中又进一步规定了劳动合同无效的情形，但这一规定又陷入了模仿的怪圈，未体现劳动合同独立于民事法律的特色。因此《劳动合同法》第26条明确规定："下列劳动合同无效或者部分无效：1. 以欺诈、胁迫的手段或者乘人之危，使对方在违背真实意思的情况下订立或者变更劳动合同的；2. 用人单位免除自己的法定责任、排除劳动者权利的；3. 违反法律、行政法规强制性规定的。"第27条规定："劳动合同部分无效，不影响其他部分效力的，其他部分仍然有效。"

1. 以欺诈、胁迫的手段或者乘人之危，使对方在违背真实意思的情况下订立或者变更劳动合同的

欺诈是一方当事人故意捏造虚假情况，或者歪曲、掩盖真实情况，使对方陷入错误认识而与之签订劳动合同。威胁是指以某

种现实或将来的危害使他人陷入恐惧而签订劳动合同。① 由于笔者对此种将意思表示瑕疵作为劳动合同无效的观点有不同看法，故此部分内容在可撤销劳动合同一章中将做详尽阐述。

2. 用人单位免除自己的法定责任、排除劳动者权利的

在劳动合同订立的过程中，由于劳动合同文本一般是由用人单位提供，用人单位往往会利用自身的优势地位，在劳动合同中最大限度地免除自身的责任，把劳动者应得的权利排除在外。这使得劳动合同双方当事人在权利义务方面存在严重的不对等，违反了劳动合同法所倡导的公平原则。为贯彻劳动合同法保护劳动者合法权益的立法宗旨，对劳动合同中约定的用人单位免除自己责任、排除劳动者权利的条款作出禁止性规定是非常必要的。"免除自己责任"是指用人单位在劳动合同中约定不承担其法定的义务和责任，如对劳动者人身安全保护的义务，为劳动者缴纳社会保险费的义务等。"排除劳动者权利"是指在劳动合同中约定限制或剥夺劳动者的法定权利，如平等就业权、休息休假权、职业健康权、社会保险权等。如果允许用人单位借订立劳动合同时的优势地位，达到免除自己责任、排除劳动者权利的目的，无异于纵容用人单位利用劳动合同这种合法形式对劳动者的法定权利、甚至基本人权进行限制、侵犯，这与劳动合同法保护劳动者权益的立法宗旨是相违背的。② 用人单位以劳动者放弃法定权利作为签订劳动合同的条件，如工

_____

① 黎建飞：《劳动法的理论与实践》，中国人民公安大学出版社 2004 年版，第 305 页。

② 郑功成、程延园：《中华人民共和国劳动合同法释义与案例分析》，人民出版社 2007 年版，第 96 页。

资低于最低工资标准、用人单位可随时解除合同且无需给付经济补偿金、用人单位不给上三险、履行合同期间的死伤病残概不负责等，在排除劳动者权利的同时免除自己的法定责任，这些条款无效，因为他们都是对用人单位法定责任的强制性规定，是劳动者合法权益的重要保障。

劳动争议案件中，许多用人单位与劳动者签订劳动合同时要求劳动者签订确认放弃一般解除权的所谓"弃权条款"。《劳动合同法》第 37 条规定："劳动者提前三十日以书面形式通知用人单位，可以解除劳动合同。劳动者在试用期内提前三日通知用人单位，可以解除劳动合同。"劳动者的一般解除权是法律明确赋予劳动者的权利，不能在劳动合同中予以限制。虽然弃权条款的约定表面上对于促进劳动者关心用人单位，增强责任感，对于用人单位消除疑虑，增加培训投入，合理扩大再生产有积极的意义，但是违背了劳动法的立法宗旨和精神，该条款将因排除了劳动者权利而无效。

为避免这些无效条款的出现，一方面通过健全社会劳动保障体制来缩小劳动者与用人单位的不平等地位，减少劳动者对用人单位的依附性；另一方面强化集体谈判和集体合同，发挥工会的监督职能，防止用人单位控制权的膨胀，体现劳动法对劳动者的倾斜保护。

3. 劳动合同违反法律、行政法规强制性规定的

劳动合同应遵循"合法原则"。订立劳动合同的主体不合格、劳动合同内容、形式及程序不合法等违反法律、行政法规强制性规定的合同，原则上应为无效合同，但应根据法律、行政法规的强制性规定所涉利益角度以及对合同本身又无直接针对性而对合

同效力予以区别对待。①

　　一般来讲，违反法律、行政法规的强制性规定是构成无效合同的重要事由，该强制性规定在私法、公法领域均有体现，只是针对的行为和目的不同。在劳动合同法领域，是否只要违反该强制性规定就必然导致劳动合同无效？这在司法实践的认定与处理上缺乏统一的标准和方法。德国学者卡尔·拉伦茨对《德国民法典》第134条的规定"本法无其他规定时，违反法律禁止规定的法律行为完全无效"作了如下解释："第134条只是说明了，如果违反禁止规定的行为属于禁止条款规定的意义和目的所要求的，则违反禁止规定的行为完全无效。但该条款并没有具体规定，什么情况属于完全无效。因此需要对照法律的每一个具体的禁止规定，看它所规定的具体情况有什么样的法律后果。如果这种对照适用得不出任何其他的结果，才可以假定违反禁止规定的行为的后果是完全无效的。但是，如果认为违反法律禁止规定的行为都自动地成为无效的行为，就完全错了。"②

　　我国台湾地区学者史尚宽认为，认定违反法律、行政法规的强制性规定的合同的效力，应区分强制性规定是属于效力性规定，抑或属于取缔性规定。所谓效力性规定，乃以否认合同法律上效力为目的的规定，违反效力性规定的，合同无效；所谓取缔性规定，是以对违反者加以制裁，以防止其行为，而不以其行为无效为目的之规定，违反取缔性规定，并不导致合同无效，仅当事人应受制裁而已。效力性规定着重违反行为之法律行为价值，

　　① 李仁玉等：《合同效力研究》，北京大学出版社2006年版，第223页。
　　② ［德］卡尔·拉伦茨：《德国民法通论》下册，王晓晔、邵建东等译，法律出版社2003年版，第587—588页。

以否认其法律效力为目的；取缔性规定则着重违反行为之事实行
为价值，已禁止其行为为目的。①

由于劳动合同强制性规定关乎劳动者的切身利益，笔者认为
劳动合同若违反强制性规定，应首先判断强制性规范如劳动标准
的不断调整能否校正此劳动关系，当无法校正时否认其效力方显
必要，并对导致合同无效的当事人给予制裁，同时对因劳动合同
无效而受到损害的无过错当事人一方除对其业已存在的事实劳动
关系给予保护外，还要依照《劳动合同法》第 86 条的规定要求
有过错方向无过错方承担赔偿责任。

（三）我国劳动合同无效确认的应然标准

1. 劳动合同无效标准之一：违反社会公共利益的劳动合同
无效

英美法上的非法合同（illegal contracts）是指那些其目的或
标的构成犯罪或侵权行为，或者被认为妨害公共秩序的交易。在
实践中，由于合同法的有效推定原则，任何合同只有当它落入某
种既定名目时，才被确定为非法合同。② 劳动合同不仅应符合法
律规定，而且在内容上不得违反社会公共利益。社会公共利益，
也有人称之为公序良俗，将它作为劳动合同的生效要件，一方面
可以弥补强行法规定之不足，另一方面可以对合同自治进行必要
的限制，弘扬社会公德，建立稳定的社会秩序，协调个人利益和
社会公共利益之间的冲突。违反社会公共利益，体现在劳动合同
中，可能表现为：劳动报酬条款含有规避课税内容；贬低人格尊

---

① 史尚宽：《民法总论》，中国政法大学出版社 2000 年版，第 330 页。
② G. J. Borrie，Stevens and Borrie's Elements of Merchant Law，15th ed. p. 42.

严和限制人身自由；限制择业自由；违反劳动者保护的内容；从事的职业既为法律所禁止，又违背社会公共利益，如生产、贩卖毒品、提供色情服务等。① 必须指出的是，社会公共利益作为民法上的一个基本原则，在司法实践中，必须首先适用具体的规则或者通过类推的方式适用有关的具体规定，换言之，只有在法律、行政法规没有具体规定的情况下才能适用。因为作为基本原则，社会公共利益原则，不是具体的法律规范，一般不直接规定当事人的具体权利义务，更没有规定确定的法律后果，在有法律具体规定的情况下，不得直接引用社会公共利益原则作为裁判的依据。② 在劳动纠纷的裁判过程中，将社会公共利益原则作为无效劳动合同的衡量依据时，亦应遵循前述适用规则。但是公共秩序的学说是受先例严格限制的，不能过分强调。一个法官不能仅因为他本人认为某合同是违背公共秩序的便轻易地加以否认。只有当合同是属于一种完全确定、违背公共秩序的一类合同时，法官才能予以干预……法院是不能捏造公共秩序的新项目的。③

2. 劳动合同无效标准之二：低于集体合同标准的劳动合同无效

集体雇佣劳动合同的劳资双方当事人用集体协商和洽谈协商会议的方式，可以相对缓解他们之间谈判地位不平衡的问

---

① 喻术红：《我国无效劳动合同制度的缺陷及其完善》，《法学评论》2005 年第 3 期。

② 王利明：《民商法研究》第 6 辑，法律出版社 2004 年版，第 463—467 页。

③ ［英］P. S. 阿蒂亚：《合同法概论》，程正康等译，法律出版社 1982 年版，第 254 页。

题，使得签约过程更加平等自愿，合同本身也更加能体现公平、等价、有偿的精神。在劳资关系中特别提出对劳动者雇员利益的保护，必须要从法律上加强集体雇佣劳动合同，提高集体雇佣劳动合同的法律地位，在法律条款上表现为，集体雇佣劳动合同内容依法成为劳资双方雇佣劳动关系的底线和最低雇佣标准，劳资双方的单独雇佣劳动合同及劳动者一方所享受到的待遇不得低于已经依法订立的集体雇佣劳动合同给予雇佣劳动者在劳动报酬、工作时间、休息休假、劳动安全卫生、职业培训、保险福利等方面的待遇。[①]

3. 劳动合同无效标准之三：违反法律、行政法规强制性规定的劳动合同无效

劳动合同法明确规定，违反法律、行政法规强制性规定的劳动合同无效。这一规定，把判断无效劳动合同的依据，限定在法律和行政法规中，从而排除了把其他形式的规范性文件作为判断劳动合同无效的依据，有利于稳定劳动关系，维护当事人的合法利益。

二　劳动合同无效的确认申请

（一）劳动合同无效申请权的性质为形成诉权

形成权是指权利人依自己单方意思表示或其他单方行为，使自己或与他人共同的法律关系发生变动，相对人尊重其变动行为并接受其作用后果。但是由于某些形成权事关重大或影响

---

① 薛春丽、埃勒克斯洛：《借鉴澳洲法律完善中国集体劳动合同立法》，《天津市政法管理干部学院学报》2006 年第 4 期。

他人重要利益，法律规定必须公力行使，即必须通过司法途径提起形成之诉，并通过裁判具有既判力后才能发生效力，此为形成之诉权，使形成诉权实现的形成判决自动生效，无需强制执行。法律对形成诉权的规定，是为了对此类权利的行使情况加以控制，也是为了避免在形成行为是否有效方面出现不确定性。①

《劳动合同法》第 26 条第 2 款规定："对劳动合同的无效或者部分无效有争议的，由劳动争议仲裁机构或者人民法院确认。"劳动合同无效申请权的性质即为形成诉权。由于劳动合同无效事关劳动者切身利益，而且无效的原因多是劳动合同内容有损社会公益，故不应允许当事人通过单方意思表示使劳动法律关系发生变动，必须通过司法途径实现，这样一方面强化对劳动合同无效的审慎对待，另一方面对劳动合同无效有较为统一的判断标准，为劳动合同当事人签订劳动合同提供借鉴。

（二）劳动合同无效的申请权人

1. 依当事人主义存在的劳动合同无效申请权人

（1）劳动合同当事人。劳动合同当事人是自身利益的最佳判断者，在合同订立后或劳动合同履行过程中发现存在法律规定的劳动合同无效的情形，即可提起仲裁和诉讼，以确认劳动合同的效力，保障自身合法权益。

（2）与劳动合同有直接利害关系的第三人。所谓与劳动合同有直接利害关系是指作为原告的公民、法人或其他组织自身的财产权、人身权或其他民事权益受到侵犯或者是与他人直接发生了

---

① 龙卫球：《民法总论》，中国法制出版社 2002 年版，第 126 页。

民事权利义务上的争议，原告因此向仲裁机构或法院提起仲裁或诉讼，要求确认劳动合同无效。

2. 依劳动公益诉讼产生的劳动合同无效申请权人

公益诉讼是相对于私益诉讼而言的，是以促进维护公共利益为目的，任何人均可提起，诉讼目的不是为了个案的救济，而是为了督促政府机构或其管理相对人采取某些促进公益的法定行为，履行法定义务。由于无效劳动合同损害了社会公共利益，完全可以通过公益诉讼的方式来解决。依劳动公益诉讼产生的劳动合同无效申请权人应该包括以下几种：

（1）劳动保障主管部门。依劳动法的规定，劳动争议仲裁委员会或人民法院对劳动合同无效的认定是被动的，只有双方当事人产生争议提起劳动仲裁或诉讼的情况下，才能依法裁决或判决，但对于一个明显违反法律法规、侵害国家利益或社会公共利益的劳动合同，若没有任何一方当事人提起仲裁，则会使本该无效的劳动合同继续生效下去，这与法律精神不相吻合。因此，应当赋予劳动保障行政部门对劳动合同无效的申请权，使其在行使监督检查权时能够及时发现问题并及时予以纠正，从而切实地履行职责。尽管劳动合同法草案三审稿规定劳动行政部门有权确认劳动合同的效力，而且有些国家也将对劳动合同作出全部无效或部分无效结论的权限归属劳动监察机关，[①] 但最终劳动合同法并未采纳三审稿的建议，笔者也认为将其作为劳动合同无效申请权人更科学，权利申请者与终局裁决者的身份相比，劳动行政部门

---

① 例如越南劳动合同法规定对劳动合同作出全部无效或部分无效结论的权限属劳动监察机关。

以何种方式、是主动监察还是被动收案审查、其确认产生何种效力、该效力认定与司法裁决结论不一致时如何处理等诸多问题的存在使得前者更能主动发挥其监察职能，也能更好地体现无效确认的严肃性和审慎态度。

（2）检察机关。检察机关在劳动合同效力争议中并无自身利益，缘何可以申请劳动合同无效？一方面，检察机关作为社会公共利益的代表，在涉及公共利益和公共秩序的争议中享有利益。在大陆法系国家与身份有关的案件中，如宣告婚姻无效和当事人无行为能力等诉讼，检察机关享有当事人的资格和权利。另一方面，检察机关作为国家法律的守护者，基于"法律的利益"享有并行使监督权。

（3）与劳动合同无利害关系的其他组织或公民。他们对无效劳动合同可以通过两种途径来解决，一是向劳动合同管理机关举报存在无效劳动合同的事实，二是通过提起公益诉讼来履行作为公民维护社会正义的神圣职责。

三　劳动合同无效的确认机关

从法理上讲，合同是否有效属于法律争议，认定合同是否有效应属于解决纠纷的司法权力或准司法权力。[①] 《劳动合同法》第 26 条第 2 款规定："对劳动合同的无效或者部分无效有争议的，由劳动争议仲裁机构或者人民法院确认。"《劳动法》第 18 条第 3 款规定："劳动合同的无效，由劳动争议仲裁机构或者人民法院确认。"劳动争议仲裁委员会是依法独立处理劳动争

---

① 林嘉主编：《劳动合同法热点问题讲座》，中国法制出版社 2007 年版，第 117 页。

议案件的专门机构，由劳动行政部门、同级工会和用人单位团体或代表用人单位方面的特定部门各自选派的代表组成。由于目前对工会作用的认识和评价还有待提升，企业认为假模假式，职工觉得没有用处，对工会在劳动仲裁机构中的话语权颇有顾虑，因此在机构人员组成上应设有职工代表的席位。人民法院民事争议审判庭兼职行使劳动争议审判权。我国劳动争议仲裁是劳动争议诉讼处理的前置程序，劳动争议仲裁委员会在处理劳动争议案件时，对劳动合同的效力状况具有最先的审查权，对仲裁裁决不服而向人民法院提起诉讼的，人民法院才行使其无效合同的确认权，人民法院对于无效劳动合同的认定不仅具有监督劳动争议仲裁委员会裁决的作用，而且其确认具有终局性质。

但是我们通过比较劳动合同法与劳动法关于劳动合同无效确认的规定，不难看出，劳动合同法更加强调当事人对劳动合同无效或者部分无效认定的争议性，因此要求劳动合同仲裁部门和人民法院对劳动合同无效或者部分无效进行确认是被动的，而不能主动审查。只有当劳动合同当事人提起确认申请时，两个机构方可按程序予以受理。即使劳动合同明显无效，只要劳动合同双方当事人在履行过程中没有出现问题，劳动合同当事人未发生争议，也没有其他申请权人提出异议或提起公益诉讼，两个机构不能主动介入劳动关系来确认劳动合同的效力。

四 劳动合同无效的确认时效

（一）劳动合同效力的确认之诉

劳动合同效力的确认之诉不适用诉讼时效制度。诉讼时效是指请求权于一定期间不行使，而减损其力量之谓也。① 前述认为劳动合同无效申请权为形成权之形成诉权，形成权不是诉讼时效的客体。

　　除斥期间仅适用于形成权，那么除斥期间是否适用于劳动合同效力的确认之诉。除斥期间是指法律直接规定或当事人依法确定的某些形成权的预定存续期间，因该期间经过，该权利当然消灭。但并非所有形成权都设有除斥期间限制。法律对形成权是否设除斥期间通常视其是否有必要而定，看这种设定是否更符合社会公正和稳定利益。劳动合同法中对此类期间没有规定，即对劳动合同无效的申请不设限。一般来说，依劳动合同形成的劳动关系较为稳定，当事人即便发现合同无效的事由，只要未侵害其自身利益，大都愿意保持劳动关系的继续状态，若为合同无效的申请权人设一期限，势必会使当事人陷入为难境地，既想维持劳动关系，又担心一旦期限届满权利会消灭。因此，对劳动合同无效的申请权没有任何期间限制，更能充分保证劳动关系的和谐稳定，体现对劳动合同当事人的人文关怀。

　　（二）返还财产或损害赔偿的给付之诉

　　返还财产或损害赔偿的给付之诉自合同无效判决生效之日起算诉讼时效。通常情况下，当事人在提起劳动合同效力确认之诉的同时，会一并提出返还财产或损害赔偿的给付之诉。但只有在劳动合同被确认无效时，财产返还请求权或损害赔偿请求权方产生。因此该请求权的诉讼时效期间应自劳动合同无效判决生效之日起算。

---

　　① 　梅仲协：《民法要义》，中国政法大学出版社 1998 年版，第 154 页。

第四节 劳动合同无效的法律后果

无效仅是对当事人的约定不给予法律承认，它是以法律形式告知人们禁止去为法律禁止行为的规则，若人们违反了此种禁止规则，法律则依某种程序对该行为进行否定性评价，但这必须与违反该规则将施加处罚的规定区分开来，也就是说"无效不能被类同于为力戒规则禁止的行为而系于这种规则的惩罚①"。在某种意义上，我们可以去掉惩罚和制裁，而仍保留该制裁用以维护的一个明晰的行为标准，但这仅是我们的一个假定而已，因为我们几乎不能在要求符合某些条件的规则与所谓的"无效"制裁之间合乎逻辑地做出这样的区分，无效的规定是这种规则自身的组成部分。因此，在劳动仲裁机构和法院确认劳动合同无效后，我们有必要明晰无效的法律后果，即对导致劳动合同无效的有过错方给予相应的惩罚或制裁，同时为保障无过错方的利益，将业已存在的劳动者付出的劳动给予认可。

一 劳动合同无效的民事责任

我国《劳动合同法》对无效劳动合同的法律责任的规定是我们处理无效合同的法律依据，虽然无效劳动合同不具有法律效力，但它作为法律事实的一种，必然在当事人之间产生法律责任问题，也会导致劳动合同无效的当事人基于过错而对他方承担民

---

① ［英］哈特：《法律的概念》，张文显等译，中国大百科全书出版社 1996 年版，第 36 页。

事责任，甚至可因其行为的严重程度不同，引起行政责任和刑事责任。这里我们只探讨劳动合同无效的民事责任。

（一）归责原则

我国劳动合同无效采用的是分立责任原则，即用人单位承担无过错责任，劳动者承担过错责任。这一点在《劳动合同法》第46条体现得尤为明显。凡因用人单位的过错解除劳动合同的，用人单位必须向劳动者支付经济补偿金，但当用人单位与劳动者协商一致解除劳动合同、用人单位在因劳动者自身原因提前三十日以书面形式通知劳动者本人解除劳动合同或额外支付劳动者一个月工资后解除劳动合同时仍应当向劳动者支付经济补偿，这就明确表示法律要求用人单位承担的是无过错责任。这种经济补偿在国外通常被称为离职费或遣散费，其作用旨在平衡劳动者就业稳定的需要和用人单位分散经营风险的需要，平衡社会负担和用人单位负担，同时经济补偿提高了用人单位解除劳动合同的成本，可以限制用人单位虽已解除劳动合同，仍需保护劳动者的权益和社会稳定。但是用人单位因劳动者的过错而解除劳动合同的，用人单位不向劳动者支付经济补偿。这表明劳动者承担的是过错责任。

这一归责原则在劳动合同缔约过失责任中同样适用。用人单位承担缔约过失责任的原则是无过错责任原则，即劳动者只需证明自身在缔约过程中不存在过失，而且又非基于不可抗力导致劳动合同的效力减损或实际履行中劳动者自身权益遭受损失，即可将责任归结于用人单位一方，除非用人单位能够证明自己在缔约中完全没有过错或者劳动者的损失属于他们自己的责任或不可抗力，否则应视为用人单位承担缔约过失责任。对于劳动者来说，其承担缔约过失责任的原则是过错责任原则。这种归责原则一方面符合劳动法保护弱势群体的社会法属性，另一方面也可以预先制约处于强势的用人单位，规范其在缔约阶段的行为，防止纠纷。[①]

（二）责任形式

1. 用人单位向劳动者支付劳动报酬

《劳动合同法》第 28 条规定："劳动合同被确认无效，劳动者已付出劳动的，用人单位应当向劳动者支付劳动报酬。劳动报酬的数额，参照本单位相同或者相近岗位劳动者的劳动报酬确定。"

（1）用人单位向劳动者支付劳动报酬的依据——不当得利返还请求权抑或事实劳动关系存在

如果一个无效的劳动合同尚未履行的无须履行，对双方都没有约束力，如果劳动者尚未给付劳动就已收到用人单位预付工资的，劳动者应当基于不当得利予以返还。

如果劳动者已经开始履行义务，用人单位尚未给付工资而劳动合同无效时，用人单位受有劳动者提供的劳务已没有法律上的依据，此时用人单位向劳动者支付劳动报酬还是基于不当得利返还请求权吗？劳动合同当事人在合同被确认无效后，劳动权利义务关系终止，劳资双方获取对方的财产即失去了法律之依托。一方对已经交付给对方的财产，享有返还财产的请求权，对方当事人对于已经接受的财产负有返还的义务。有人认为，用人单位负

---

① 张冬梅：《论劳动合同中的缔约过失责任制度》，《北京市工会干部学院学报》2005 年第 2 期。

有向劳动者返还不当得利的义务，劳动力不能返还的性质决定了不当得利返还只能是价格偿还；如果劳动者已经开始履行义务，且用人单位已经支付了一部分费用，这样合同一旦无效就形成了两个不当得利之债，可以适用抵消原则以避免交换履行的费用负担。①

不当得利特别强调的是受益人获得利益没有合法根据，因此笔者认为，用人单位作为受益人获得劳动者付出的劳动是由劳动合同的约定而来的，如果劳动合同无效，用人单位获得的利益是基于事实劳动关系的存在，而且此利益不具有返还性，只能以劳动的对价方式——报酬体现出来。对于劳动力来说，由于劳动力一旦与生产资料相结合，就无法恢复原来状态，因而只能根据劳动合同被确认无效时，双方实际存在的事实劳动关系，通过支付报酬来赔偿劳动者的损失。

（2）用人单位向劳动者支付劳动报酬的数额

劳动合同中明确约定了劳动报酬数额，且不违反法律、法规或国家规定的，虽然劳动合同被确认无效，用人单位仍应当按照劳动合同约定的劳动报酬数额支付劳动者。劳动合同没有约定劳动报酬，但用人单位在履行劳动合同过程中实际支付的劳动报酬符合法律、法规或国家规定的，该劳动报酬数额有效。用人单位劳动报酬不符合法律、法规或国家规定，或者用人单位未支付劳动报酬的，劳动报酬的数额，参照本单位相同或者相近岗位劳动者的劳动报酬确定。在特殊情况下，劳动报酬的数额还可以劳动形成的价值计算，如文艺表演。

---

① 郭平：《劳动合同无效初探》，《工会论坛》2004 年第 7 期。

2. 赔偿损失——缔约过失责任

缔约过失责任最早是由德国著名法学家耶林提出的，1861年他在其主编的《耶林法学年报》第四卷上发表的《缔约过失——契约无效与未完善的损失赔偿》一文中指出："从事契约缔结的人，是从契约交易外的消极义务范围进入契约上的积极义务范畴，其因此而承担首要义务，系于缔约时善尽必要的注意。法律所保护的，并非仅是一个已存在的契约关系，正在发生的契约关系亦包括在内，否则，契约交易将暴露于外，缔约一方当事人不免成为他方疏忽或不注意的牺牲品。简言之，当事人因自己的过失致使契约不成立者，对信其契约有效成立的相对人，应赔偿基于此信赖而产生的损失。"① 导致合同无效或不成立的有过错的一方，应对无过错的另一方因为信赖合同的效力所造成的损害负责，当然无过错的一方不能请求赔偿允诺履行的价值损失，即期待利益的损失。基于契约法之原理所发生的"说明义务"与"保护义务"在劳动契约中并无例外，因此双方在缔约过程中所发生的缔约过失或无效契约信赖利益之损害赔偿请求权均有成立的可能。②

韩国在劳动立法上已明确采纳缔约过失责任。缔结劳动合同时劳动者有义务向用人单位具体说明自身劳动力的质量，并让用人单位适当地选择劳动力。因劳动者的欺瞒行为使用人单位误认为劳动者拥有缔结合同所需要的特定技能，从而引起的损失由劳动者负责，但劳动者赔偿的责任只限于受损的信赖利益。在缔结

---

①　转引自彭万林主编《民法学》，中国政法大学出版社 2002 年版，第 490 页。

②　王益英：《外国劳动法和社会保障法》，中国人民大学出版社 2001 年版，第83 页。

合同开始之前，用人单位也拥有对有关劳动合同的重要事项进行告知和说明的义务，违反该义务，也要承担劳动缔约过失责任，如面临破产的企业未告知影响对劳动者的支付能力的事实而引起的劳动者损失应由用人单位赔偿。[①]《劳动合同法》第 86 条规定："劳动合同依照本法第 26 条规定被确认无效，给对方造成损害的，有过错的一方应当承担赔偿责任。"此规定表明我国劳动合同法已经明确了缔约过失责任。

（1）缔约过失责任的适用情形

劳动合同的缔结是由劳动者和用人单位通过接触、磋商等步骤最后缔结的。缔约双方当事人承担的主要义务有：用人单位应诚实地发布招聘信息；合理地确定面试者和实际招聘人数的比例及面试的地点；尽量节省应聘者的费用；用适当的方式将应聘者是否参加面试或已被录用的信息及时通知应聘者。如果用人单位假借招聘人才，恶意与应聘者磋商，实则欺骗应聘者或行其他不法之目的，用人单位要承担缔约过失责任。劳动者应诚实地提供真实的学历证书、工作简历、职称证书、技术等级证书等，不得提供虚假的、伪造的证书、资料。用人单位和劳动者在试用期间，应真诚善意地考察试用，不得以谋取对方的技术成果或者窃取商业秘密为目的。双方当事人有下列情形之一的，应当赔偿对方信赖利益损失：

A. 存在就业机会歧视行为

用人单位在招工时，不得因性别、身高、民族、宗教或社会

---

① 王益英：《外国劳动法和社会保障法》，中国人民大学出版社 2001 年版，第 498 页。

地位等不同对劳动者加以就业机会歧视，同时用人单位不得拒绝有过错经历的劳动者就业，若此过错经历直接影响劳动合同目的实现的除外。俄罗斯是明确承认劳动缔约过失责任的国家，《俄罗斯联邦劳动法典》第16条招工聘用时的保障规定，禁止无理由拒绝聘用劳动者；禁止在招聘时以性别、种族、民族、语言、出身、财产状况、宗教信仰、政治信仰、参加社团及其他不属于职业素质方面的条件为由对劳动者的权利进行任何形式直接或间接的限制或规定直接或间接的优惠条件。

B. 过错违反告知和保护义务产生的缔约过失责任

由于被雇佣的求职者有过错地隐瞒已有的不能提供劳动给付的疾病，导致用人主体必须利用广告重新选择雇员，有过错的求职者对这一必须花费的广告费用的补偿可区分不同情况：如果由于最初有数个合适的候选者可以挑选，现在不能供雇主进行挑选了，因此过错隐瞒和新的广告费用是有因果关系的，过错方需承担新广告费用；如果对于当时的广告只有这一个求职者登记，那么就应该考虑求职者对超出的因果关系或者用人主体重新招聘行为的异议；如果因为其他原因没有和这个求职者签订合同，那么新的广告费用即使没有过错隐瞒的情节也要产生相应的费用，因此无需补偿；如果新雇主在没有征得正同自己处于磋商订立劳动合同阶段的其他用工主体的雇员的同意或者违背雇员意愿到其实际雇主那里进行查询，导致雇员在实际雇主那里受到不利影响，那么这一新招工的雇主就要承担缔约过失责任。[1]

---

① ［德］W. 杜茨：《劳动法》，张国文译，法律出版社2005年版，第39页。

C. 故意隐瞒与订立劳动合同有关的重要事实或者提供虚假情况

用人单位应如实向劳动者说明岗位用人要求、工作内容、工作时间、劳动报酬、劳动条件、社会保险、职业危害及其后果、职业病防治措施和待遇、规章制度等情况。浙江省及杭州市的立法还要求这种说明应采用书面形式或者在劳动合同中写明。劳动者应当如实向用人单位提供本人身份证和学历、就业状况、工作经历、职业技能、健康状况等证明。如果对重要事实或者隐瞒，或者提供虚假信息，均可构成欺诈。

D. 以合法形式掩盖非法目的订立劳动合同

以合法形式掩盖非法目的，是指劳动合同当事人实施的劳动行为在形式上是符合法律规定的，但其内容和目的却违反了法律的强制性规定。比较典型的例子是某些用人单位招用男、女青年，名义上与之订立的是从事公关、文秘等工作的劳动合同，但实际上从事的却是色情等法律禁止的服务。这类劳动合同在形式上虽然合法，但由于其内容和目的是违法的，应当被宣告为无效劳动合同。[①]

E. 侵犯雇主商业秘密的行为

劳动缔约过失责任设立的价值是使诚实信用原则从履行合同阶段延伸到合同订立阶段，如果在试用期内当事人可以不受诚实信用原则的约束，必然使劳动缔约过失责任的设立成为空中楼阁。因此，劳动缔约过失责任如何协调试用期这一特殊阶段也是其特殊性之一。如果劳动者在试用期阶段将获知的用人单位的商

---

① 姜颖：《劳动合同法论》，法律出版社 2006 年版，第 178 页。

业秘密泄露出去，给用人单位造成损失的，也同样要承担缔约过失责任。

F. 侵犯求职者隐私权的行为

在尊重求职者隐私权方面，《法国民法典》第 9 条规定：每个人都享有私生活被尊重权。雇主不得在招聘启事中或在招聘过程中要求应聘人提供家庭状况，如已婚、未婚、分居、离婚、同居或是否已怀孕、将怀孕，等等。求职者有权拒绝回答涉及个人隐私的问题，必要时允许做不实陈述。司法判例表明应聘者没有义务如实陈述怀孕的事实。例如，在 2001 年 9 月 15 日巴黎大区凡尔赛劳动法庭判决的一起案件中，一家公司招聘了一名女工，双方签订了一份一年期限的劳动合同，但在该女工仅工作了两个月后，该公司以其怀孕为由将其辞退。法庭依法判决该公司的辞退决定无效，虽然，该女工在招聘之时就已经怀孕，而且公司是为一个短期的、紧急的岗位空缺招聘，但是，根据法律，应聘者没有义务将自己的妊娠状况告知招聘方。[①]

G. 心理默契丧失的缔约过失责任

心理默契也称"关系性了解"，认为在劳动合同明确的合意背后，还存在着多层不能或未能言语化的双方的互相理解和默契。这种未能言语化的"了解群"存在于长期性连续性的劳动关系中，有时这种关系性了解比狭义的明确的合意在劳动关系中更能起到对劳动争议的抑制作用。如劳动者基于对企业惯例的了解和信赖，会提高工作努力程度，以期企业作为回报将会提供公平

---

　　① 郑爱青：《法国劳动法对女性权益的保护》，211. 167. 236. 236/china/newzt/magazine/20050/20051229170842. htm，2008. 9. 3。

工资和良好的机会。这种心理契约是为了强调在员工和组织的相互关系中，除了正式劳动合同所规定的内容外，还存在着隐含的、非正式的、未公开说明的相互期望，这也是决定员工行为的决定因素。[①] 美国富勒著的《合同损害赔偿中的信赖利益》中引入心理契约概念，提出了可期待利益的赔偿问题。[②] 这对我国完善劳动合同缔约过失责任应有所启发。某企业登出一则招聘广告，广告中写道"本单位录用的员工将送到国外培训半年至一年"。某研究生前去应聘，顺利地进了单位。刚参加工作的研究生对工作充满希望，想通过积极的工作以得到重视，及时得到出国的机会。但是两年过去了，出国培训的事情依然没有动静。处理这样的案例，追究用人单位的违约责任是无济于事的。因为这样的条款根本没写入劳动合同中。只是用人单位为了争取劳动力资源而为自己作的广告。如果因此认定劳动合同无效对劳动者权益的维护是极为不利的。因为当今我国劳动力市场普遍存在供大于求的状况，劳动者如果因为招聘广告中的"引诱性条款"而放弃整个劳动合同的有效性，他必将面临着二次就业的巨大成本和可能面临的失业风险。所以，应该在维持劳动合同的基础上，追究用人单位的缔约过失责任，以弥补劳动者的巨大的心理落差。

H. 违反就业协议的缔约过失责任

《高校毕业生就业协议书》是由教育部或各省、直辖市、

[①] 李原、李德俊：《组织中的心理契约的研究发展》，《心理动态》2002 年第 1 期。

[②] ［美］L. L. 富勒、小威廉 R. 帕杜：《合同损害赔偿中的信赖利益》，韩世远译，中国法制出版社 2004 年版，第 75 页。

自治区就业主管部门统一印制，由毕业生、用人单位和学校三方签署，明确三者在毕业生就业中的权利义务的书面协议。它是教育部门制定就业计划的依据，是进行毕业生派遣的根据，是确认就业意向和劳动需求的凭证，也是进行劳动统计的重要依据。

　　目前，理论界对就业协议法律性质的界定主要有以下几种观点：[①] 就业协议是对高校毕业生就业的一种管理方式，是"介于国家分配（派遣）和市场寻找（劳动合同）之间的特殊产物"[②]；就业协议是一种普通意向书[③]，属劳动合同的"先合同义务"[④]；就业协议是普通合同[⑤]或预约合同[⑥]；就业协议是劳动合同[⑦]。一般情况下，大学生和用人单位就该学生毕业后去该单位工作的有关事项达成一致之后，首先是大学生领取就业协议书并如实填写基本情况和应聘意见并签名；然后由用人单位签订意见；最后由学校就业指导中心或者就业主管部门签订意见。违反三方协议给各方当事人都可能带来不利的影响。对于用人单位，毕业生违约

　　① 张剑军等：《毕业生就业协议的法律性质辨析》，《当代青年研究》2007年第5期。

　　② 程延园：《就业协议需要与劳动合同相衔接》，《中国人力资源开发》2004年第2期。

　　③ 李涛：《浅谈大学生签订就业协议书的法律问题》，《当代经济》2004年第11期。

　　④ 张冬梅：《就业协议书存在的问题及其解决之策》，《中国大学生就业》2005年第24期。

　　⑤ 施卫华：《当前高校毕业生就业法律关系探析》，《福州大学学报》2004年第2期。

　　⑥ 秦文献：《大学生就业协议》，典型的预约合同，《中国劳动》2005年第1期。

　　⑦ 翟玉娟：《高校毕业生就业协议的法律性质分析》，《深圳大学学报》（人文社会科学版）2007年第2期。

不仅会使单位为录取该毕业生花费的精力和费用付之东流,还会
打乱单位的用人计划。对于在就业中处于弱势地位的毕业生而
言,遭遇用人单位违约损失更大,毕业生往往会因此而错失就业
的时间和其他机会,严重影响毕业生的顺利就业。用人单位违约
除损害学生的利益外也给学校的就业指导工作带来困难,对于学
校来说,学生违约会影响用人单位对学校整体信誉的评价,可能
会导致对其他毕业生就业的不良影响。因此,明确三方协议的效
力,对清晰界定高校毕业生与用人单位的权利义务及责任有重要
意义。

　　笔者认为,作为劳动合同的基础,"就业协议"与后面的正
式劳动合同其实是密不可分的,若单独把其作为独立存在的合同
加以分析会人为割裂它与劳动合同的关联。三方协议对高校毕业
生与用人单位来说属于预约合同。预约是与本约相对应的,预约
乃约定将来成立一定契约之契约,本约则为履行该预约而成立之
契约。① 由此可知,预约本身乃一契约,与其后订立的本约各自
独立,其目的在于,当事人订立本约在事实上或法律上的条件尚
不成熟,又不愿意失去订立本约的机会,于是通过预约将订立本
约的权利义务事先确定。② 高校毕业生与用人单位的协议已基本
明确了双方当事人的权利义务,并有将来订立劳动合同的意思表
示,具有预约合同的特性。如上海市在《上海普通高等学校学生
就业工作管理办法》用专章规定了就业协议,并规定就业协议书
一般应包括以下条款:服务期;工作岗位和工作内容;劳动保护

---

　　① 郑玉波:《民法债编总论》,中国政法大学出版社 2004 年版,第 406 页。
　　② 李仁玉等:《合同效力研究》,北京大学出版社 2006 年版,第 122 页。

和工作条件；工资报酬和福利待遇；就业协议终止的条件；违反就业协议的责任。基于该预约合同，当事人一方有权请求对方订立本合同，而对方亦负有订立本合同的义务。当事人拒绝订立本合同，构成债务不履行，产生预约合同违约责任，不得请求违约方承担本合同不履行之违约责任。而且基于劳动行为的不得强制性，预约合同高校毕业生一方违反订立本约的义务，用人单位一方不得诉请履行；反之，高校毕业生可以诉请用人单位一方强制履行订立本合同的义务。这也与劳动合同法保护弱势群体利益的初衷相吻合。

因预约合同一方当事人违约给对方造成的损失，其性质应属于信赖利益的损失。当事人对将来订立本合同有着合理期待，有理由相信预约债务人会受预约合同的约束，并基于此信赖行事，一旦预约债务人违反义务，必将使另一方当事人蒙受不利益，对高校毕业生来说会丧失其他就业机会，对用人单位来说会打乱用人计划，也会带来某些信赖费用的损失。基于"就业协议"而产生的责任解释为劳动合同签订阶段的缔约过失责任更符合协议的本性和与劳动合同不可分割的关联性，而且此时承担缔约过失责任的主体可以扩大到三方协议中学校一方，因为学校有负责委派毕业生的义务。

（2）缔约过失责任的赔偿范围

一方当事人因为自己的过错造成劳动合同无效的应当赔偿对方的损失，如果双方都有过错则各自承担相应的责任。这里的损失既包括实际损失如支出缔约费用，还包括间接损失如机会利益的损失，但是赔偿的损失范围不超过另一方在订立合同时可以预见的范围，赔偿的数额也不超过一方实际履行合同所获得的收

益。这一民法上的缔约过失责任在适用于劳动合同法时必须要有
所限制。由于用人单位的原因订立的无效合同，给劳动者造成损
害的，应当比照违反和解除劳动合同经济补偿的支付标准，赔偿
劳动者因合同无效所造成的经济损失，在这一层面上可以同民法
上缔约过失责任相一致，但当劳动者自身对造成劳动合同无效或
者对造成其所受损失亦有过错而且该过错与其所受经济损失之间
有因果关系的情况下，在确定用人单位应当赔偿给劳动者的经济
损失的数额时，需要考虑劳动者自身原因对造成所受损害的影响
程度，劳动者对该部分损失应当自行承担，扣除劳动者自行承担
的数额之外的经济损失，才应由用人单位负责赔偿。

缔约过失责任人应当赔偿受害人如下损失：缔约费用；准备
履约所支付的合理费用；丧失与第三人另订合同的机会所产生的
损失；担保金及同期银行储蓄存款利息；劳务合同中规避的法定
权利；泄露或不正当使用在订立合同过程中知悉的商业秘密给对
方造成的损失。对情节严重的实施者，适用惩罚性赔偿制度，其
数额没有上限。

二　劳动合同被确认无效的后续处理

（一）劳动合同无效是否存在解除的后果

《劳动合同法》第 39 条规定，因劳动者以欺诈、胁迫的手段
或者乘人之危，使对方在违背真实意思的情况下订立或者变更劳
动合同导致劳动合同无效的，用人单位可以解除劳动合同；第
38 条规定，因用人单位原因导致劳动合同无效的，劳动者可以
解除劳动合同。《实施条例》第 18 条规定，有下列情形之一的，
依照劳动合同法规定的条件、程序，劳动者可以与用人单位解除

固定期限劳动合同、无固定期限劳动合同或者以完成一定工作任务为期限的劳动合同；用人单位以欺诈、胁迫的手段或者乘人之危，使劳动者在违背真实意思的情况下订立或者变更劳动合同的；用人单位在劳动合同中免除自己的法定责任、排除劳动者权利的；用人单位违反法律、行政法规强制性规定的。同样，第19条规定，用人单位也可以解除劳动者以欺诈、胁迫的手段或者乘人之危，使用人单位在违背真实意思的情况下订立或者变更的劳动合同。《实施条例》想要解决无固定期限劳动合同带来的实际问题的初衷是好的，但笔者认为，这一规定混淆了劳动合同无效与劳动合同解除两个概念，将劳动合同效力的评价因素作为劳动合同解除的理由，这就产生了理论上的矛盾。

合同解除是指在合同有效成立以后，当解除的条件具备时，因当事人一方或双方的意思表示，使合同关系自始或仅向将来消灭的行为。这一制度所要解决的是合同有效成立后，由于主客观情况的变化，使合同的履行成为不必要或者不可能，如果再让合同继续发生法律效力，对合同当事人有害无益，因此允许当事人解除合同。简言之，合同的解除制度是要解决有效成立的合同提前消灭的问题。[①] 同理，劳动合同的解除是指劳动合同生效后，当事人依法提前终止合同的法律效力的行为。而合同无效是指徒具成立形式而严重欠缺有效要件的合同自始且根本不发生法律效力的制度。劳动合同无效的原因在《劳动合同法》第26条有明确规定。从这一基本内容可以看出，二者应是并行制度，不应有交叉。理由是：二者存在的前提不同。劳动合同解除是建立在一

---

① 崔建远主编：《合同法》，法律出版社2003年版，第189页。

个有效的劳动合同之上的，而非无效劳动合同，在劳动合同可撤销制度中，撤销权人行使撤销权，则劳动合同被撤销，而且有溯及力，此时无所谓解除问题，如果未行使撤销权，劳动合同仍然有效，此时解除劳动合同方有可能；二者发生的原因不同。劳动合同解除除法定解除外，当事人可以约定解除或协议解除，其解除的原因既有法律规定，也可由当事人约定，而劳动合同无效和可撤销事由必须由法律直接规定；二者法律后果不同。劳动合同解除是使有效合同提前消灭，因继续性合同的解除原则上无溯及力，解除前的劳动合同关系仍然有效，而劳动合同无效使得劳动关系基于劳动合同事由触发的可能性丧失，此时劳动关系的保护是基于事实劳动关系的存在而产生的。因此劳动合同一旦无效，就应不再涉及解除问题。而且这也同前述的有关问题遥相呼应。①

（二）强制缔约后果

劳动合同被确认无效后，用人单位应按照有关的法律规定和劳动者解除事实劳动关系，并根据无过错方的需要决定是否重新确认劳动关系。因为，从劳动法的宗旨考虑，劳动合同无效制度本应当有利于保护劳动者利益，而不应当给劳动者带来失业等不利的后果。现实中，许多劳动者之所以容忍无效劳动合同的存在，就是因为害怕劳动合同被确认无效所带来的失业后果。有条件地赋予用人单位依法重新与劳动者订立劳动合同的义务，则可以鼓励劳动者提出确认劳动合同无效的主张。劳动合同法虽然规

---

① 劳动合同无效时，用人单位向劳动者支付尚未支付的劳动报酬应是以事实劳动关系的存在为依据的，而非不当得利的返还请求权。

定了劳动合同无效的法律责任，但并没有规定劳动合同在被确认无效后，无过错的劳动者享有要求与用人单位重新订立劳动合同的权利。笔者认为，劳动合同全部无效而用人单位对此有过错的，如果当事人双方都具备主体资格而劳动者要求订立劳动合同的，在终止事实劳动关系的同时，用人单位应当与劳动者依法订立劳动合同，即赋予劳动者自由选择是否重新订立劳动合同，建立劳动关系的权利。这样就可避免劳动者因劳动合同无效而失业，使劳动合同无效制度真正做到保护劳动者权益，且能维护劳动关系稳定，真正体现了国家干预对契约自由的匡正和对社会利益的整体考量。

（三）对事实劳动关系的保护

对劳动合同无效的法律后果处理上，德国法律在劳动合同无效情况下，将已履行的实际劳动关系纳入到现有的有效劳动关系的体系内进行处理，公正对待已经提供的劳动。这些经验对我国具有借鉴意义。

事实劳动关系①问题在劳动法学界是一个长期被研究的热点问题。在此前的立法及规范性法律文件中对"事实劳动关系"这一概念均有提及，原劳动部《关于贯彻〈劳动法〉若干问题的意见》（劳部发［1995］309号）规定："用人单位与劳动者之间形成事实劳动关系，而用人单位故意拖延不订立劳动合同，劳动行政部门应予以纠正。用人单位因此给劳动者造成损害的，应按原

---

① 笔者拟将学界的"事实劳动关系"的称谓修正为"劳动事实关系"。并无实质内容上的差别。只是为与劳动合同关系相对应。二者共同构成劳动法律关系，但基于论文的严肃性，未敢贸然直接修正，以待笔者在以后的研究中进一步论证这一提法是否科学。

劳动部《违反〈劳动法〉有关劳动合同规定的赔偿办法》（劳部发 [1995] 223 号）的规定进行赔偿"。这是在立法上首次使用事实劳动关系这一概念。原劳动部办公厅《关于用人单位不签订劳动合同，员工要求经济补偿问题的复函》（劳办发 [1996] 181 号）规定："用人单位与劳动者之间形成事实劳动关系后，用人单位故意拖延不订立劳动合同并解除与劳动者的劳动关系，劳动者因要求经济补偿与用人单位发生劳动争议后，如果劳动者向劳动争议仲裁委员会申请仲裁，劳动争议仲裁委员会应予受理。"《最高人民法院关于审理劳动争议案件适用法律若干问题的解释》规定："劳动者与用人单位之间没有订立书面合同，但已形成劳动关系后发生的纠纷，当事人不服劳动争议仲裁委员会做出的裁决，依法向人民法院起诉的，人民法院应当受理。"考察以上相关规定我们发现，事实劳动关系的概念早在劳动法出台后不久就已提出，而且由此发生的纠纷由劳动争议仲裁委员会和人民法院依序受理，这就间接承认了事实劳动关系的存续与效力[1]。然而，何谓事实劳动关系？它存在的维度如何？它具有何种法律效果？这些都相继进入我们的研究视野。现在理论界比较一致的观点认为，对无效劳动合同应按照事实劳动关系来处理。其基本理由是，劳动者一方已经按照合同约定提供了劳动，用人单位已经使用了劳动力资源，履行后的劳动合同虽无法律依据，但事实上存在着劳动关系，即事实劳动关系[2]。"就事实劳动关系的本质

----

[1]　王煜、吴晓阳：《事实劳动关系论略》，《中国地质大学学报》（社会科学版）2004 年第 5 期。

[2]　张冬梅：《无效劳动合同制度对合同法理论的突破》，《中国劳动关系学院学报》2006 年第 5 期。

而言，与劳动关系并无本质差别，之所以形成事实劳动关系，可能是由于不符合劳动合同的法定形式要件，或者是订立劳动合同有瑕疵，或者是主体不适格。"① 在涉及劳动合同无效的后果时，国外也有类似关于事实劳动关系的理论，如德国法认为，对无效的劳动合同已经被履行的部分进行处理时，应视其为"一个被作为有效对待的有瑕疵的劳动关系，即任何一方通过单方意思表示只能产生对未来的解除作用。"② 特别是《劳动合同法》第 7 条规定："用人单位自用工之日起即与劳动者建立劳动关系。"它将劳动关系范围扩大并使之法律化，这一思路引发了我们对事实劳动关系重新定位的思考。

1. 事实劳动关系的界定

（1）事实劳动关系得以存在的理论前提

事实上的契约关系理论。1941 年德国的豪普特在其"论事实上的契约关系"的专题演说中提出，在若干情形下，契约关系得因事实过程而成立，非必依缔约之方式不可，故当事人之意思如何可不必问。此种因事实过程而成立的契约，被称之为事实上的契约关系。事实的契约关系理论在合同法中的价值在于：一是通过事实的合同这一概念解决由于意思表示理论所造成的要约与承诺——达成合意——发生法律约束力这样的意思表示注意所无法回避的命题；二是在法律实践中限制和回避当事人以意思表示为由所提出的合同无效以及撤销合同的主张。事实上之契约关系有三种基本类型：一是基于社会接触；二是

---

① 北京市劳动和社会保障法学会编：《劳动合同与对女职工合法权益的保护研究》，人民日报出版社 2005 年版。

② ［德］W. 杜茨：《劳动法》，张国文译，法律出版社 2005 年版，第 48 页。

纳入共同关系中而生；三是基于社会给付义务而产生。劳动关系就是一种纳入共同关系中而生得的契约关系。① 德国建立的实际劳动关系学说解决了实际已经履行的劳动关系。如果雇员在没有劳动合同或者有无效劳动合同的情况下提供了劳动，即存在实际的劳动关系，此说为实际提供劳动的期间虚构了一个劳动关系，此间当事人的权利义务依据有效劳动合同所依据的法规进行处理。实际劳动关系的效力不得因为发生在过去——也不能通过撤销——而消灭。②

社会典型行为之理论。拉伦茨教授的理论完善了豪普特的观点，提出："在甚多情形下，当事人无须为真正意思表示，依交易观念因事实行为，即能创设契约关系。在此种情形下，事实上之提供给付及事实上之利用行为，取代了意思表示。此两种事实行为并非系以发生特定法律效果为目的之意思表示，而是一种事实上合致的行为，依其社会典型意义，产生了与法律行为相同之法律效果。"③

当劳动合同这一触发劳动关系的机制残缺时，"往往仍可以按照法律的规定对这种因一种事实过程而产生的社会关系进行有效的调整。……当劳动合同出现瑕疵甚或根本不存在时，仍可依据劳动基准法和集体合同来调整劳动关系，这时就出现了一种以

---

① 王利明、崔建远著：《合同法新论总则》，中国政法大学出版社 1996 年版，第 180 页。

② ［德］Immanuel Gebhardt/Roter Dubbers：《中国和德国劳动合同的无效》《中德劳动与社会保障法》，《比较法文集》，中信出版社 2003 年版，第 121 页。转引自董保华《论实际履行原则》，中国劳动社会保障出版社 2005 年版，第 189 页。

③ P. S. Atiyah, The Binding Nature of Contracture Obligations, Donald Harris and Denis Tallon, Contract Law Today, Oxford: Clarendon Press, 1989: 74.

事实劳动关系来确立劳动法律关系的可能性。"① 在劳动合同无效或被撤销后，因自始无效的溯及力导致之前业已客观存在的劳动关系丧失法律依据，基于劳动关系的人身属性和劳动法保护劳动者的立法宗旨，赋予这类劳动关系以法律上的效果，实现劳动者即便在劳动合同效力被否定的情况下依然能够寻求到法律救济的需要。换言之，劳动合同虽无效，但已经发生的劳动关系受法律保护。对事实劳动关系的保护实质上是劳动合同无效或被撤销的一种法律后果。

（2）事实劳动关系的认定

对事实劳动关系的认定各有不同。一是指没有签订劳动合同而存在劳动关系的一种状态；② 二是指用人单位和劳动者就某些劳动义务达成口头协议，形成劳动者向用人单位提供劳动，用人单位对其支付劳动报酬的事实上的劳动用工关系；③ 三是指劳动法调整范围内但不符合法定模式的劳动关系，尤其是缺乏劳动法律关系赖以确立的法律事实的有效要件；④ 四是指双方当事人未按法定要求签订劳动合同，但双方都承认劳动关系的存在，并相互享有权利履行义务。⑤ 第一、二种观点缩小了事实劳动关系的内涵，第三种观点否定了事实劳动关系的合法性，第四种观点则

---

① 董保华：《劳动关系调整的法律机制》，上海交通大学出版社 2000 年版，第199 页。

② 同上书，第 200 页。

③ 徐智华：《关于完善劳动立法的几个问题》，《中南财经大学学报》1999年第 1 期。

④ 王全兴：《劳动法》，法律出版社 2004 年版，第 64 页。

⑤ 邢新民、郭振主编：《劳动争议典型疑难案情精析》，人民法院出版社 1998年版，第 52 页。

将事实劳动关系的存在依赖于当事人的主观承认。由此可见，事实劳动关系的内涵及定位仍具有不明确性。

事实劳动关系的范围是劳动合同被撤销与无效时已经存在的劳动关系，而且劳动合同效力的评价标准直接影响事实劳动关系范围的大小。一般认为，事实劳动关系的现有范围包括：劳动关系双方当事人自始未订立书面合同而产生的事实劳动关系；劳动合同期满后尚未终止，亦未及时续订劳动合同而产生的劳动关系；因履行无效劳动合同而形成的事实劳动关系。

对劳动合同法关于事实劳动关系的态度有截然不同两种观点。一种认为：其一，规定了事实劳动关系的法律责任。劳动合同法认为事实劳动关系属于一种违法状态，《劳动合同法》第82条规定，用人单位超过一个月不满一年未与劳动者订立书面劳动合同的，应当支付劳动者劳动应得报酬二倍的工资，支付期限按事实劳动关系持续时间计算，不超过一年。其二，规定了事实劳动关系向书面合同制的转化机制。《劳动合同法》第10条对事实劳动关系不满一个月的，要求在一个月之内订立合同，此时没有对事实劳动关系规定任何法律责任；对事实劳动关系超过一年的，《劳动合同法》第14条规定视为已经订立无固定期限劳动合同，事实劳动关系转化为超稳定的标准劳动关系。① 甚至有学者干脆认为，劳动合同法对事实劳动关系的态度十分明显，就是不承认"事实劳动关系"概念，而是通过理清劳动关系建立与书面劳动合同订立的关系，解决了事实劳动关系存

---

① 董保华、杨杰：《劳动合同法的软着陆》，中国法制出版社2007年版，第47页。

在的许多问题。① 另一种观点认为，第一，从第 10 条来看，对于没有签订书面劳动合同而形成的事实劳动关系，劳动合同法采取了认可的态度。第二，根据第 28 条的规定，对于无效劳动合同而形成的事实劳动关系，劳动合同法也采取了认可的态度，即其确定了劳动关系的无因性，即书面劳动合同的无效并不必然导致劳动关系无效，劳动者已经按照无效的劳动合同履行劳动给付的，用人单位应当给付相应的劳动报酬。②

（3）事实劳动关系法律保护的必要性

首先是对法律规则真空的补充。合同之无效，不能发生当事人预期的法律效力，而并非不产生任何法律后果。合同行为作为一种"曾经进行过的行为"，作为事件是存在的；只是这种行为的法律后果，即这种行为得出的法律上的结果，是不被承认的。③ 劳动合同无效也同样不发生当事人预期的法律效力，但出于对劳动合同当事人利益的保护，对因用工行为所产生的事实劳动关系给予法律上的认可，使其补充因劳动合同无效引起的劳动者利益保障的法律依据的缺失。

其次可实现对劳动者利益的倾斜性保护。由于劳动力资源供需失衡，企业在雇佣劳动力时有极大的自主权和选择权，导致企业尤其是中小企业在雇佣劳动者时不与劳动者签订劳动合同，而劳动者一旦要求用人单位签订劳动合同时，最大的可能是被解

---

① 黎建飞主编：《劳动合同法热点、难点、疑点问题全解》，中国法制出版社 2007 年版，第 60 页。

② 林嘉主编：《劳动合同法热点问题讲座》，中国法制出版社 2007 年版，第 9—10 页。

③ ［德］卡尔·拉伦茨：《德国民法通论》下册，王晓晔、邵建东等译，法律出版社 2003 年版，第 629 页。

雇。因此在立法上应加强对事实劳动关系的保护，承认口头劳动合同的合法性。未采用书面形式的劳动合同已经履行，当事人对合同内容没有异议的，应该承认合同的效力，对于尚未履行完毕的，可以要求当事人补正形式要件；未采用书面形式的劳动合同在履行过程中发生纠纷的，由当事人对合同的内容负证明责任，如果未能证明的，劳动合同无效；已经履行的部分，按照事实劳动关系处理。[①]

2. 事实劳动关系的定位

（1）劳动法的主要调整对象是劳动法律关系

在法学界，劳动法的调整对象已被公认为是劳动关系以及与劳动关系密切联系的其他社会关系。我们将后者称为附随劳动关系，主要包括劳动行政关系、劳动服务关系、劳动团体关系及劳动争议处理关系。作为劳动法调整对象的劳动关系是指劳动力所有者（劳动者）与劳动力使用人（用人单位）之间，为实现劳动过程而发生的一方有偿提供劳动力，由另一方用于同其生产资料相结合的社会关系。[②] 劳动关系有广义和狭义之分。这里劳动关系为狭义上的概念，仅指劳动法律关系。所谓法律关系是指人类社会生活关系中，受法律所支配的关系。法律关系之本质在于，因法律之规定而在当事人之间发生的权利义务关系。[③] 劳动法律关系是劳动者与用人单位之间依据劳动法律规范所形成的实现劳动过程的权利和义务关系。劳动关系是劳动法律关系的现实基础，劳动法律关系是劳动关系的法律形式。并非所有的劳动关系

---

① 冯彦君：《劳动法学》，吉林大学出版社 1999 年版，第 127 页。
② 王全兴：《劳动法》，法律出版社 2004 年版，第 31 页。
③ 梁慧星：《民法总论》，法律出版社 1996 年版，第 48 页。

都表现为劳动法律关系，如公务员和依法参照执行公务员制度的劳动者的劳动关系，农村农业劳动者、现役军人、家庭保姆等劳动关系，就不归劳动法调整，而分别归相应的公务员法、农业法、军事法和民法调整。

（2）用工行为是劳动事实行为

劳动合同系劳动法律行为的观点已基于合同的法律行为本质而无异议，那么用工行为的性质是否属于事实行为值得探讨。我们仍以建立劳动关系为一判断基点，对订立劳动合同与用工、劳动合同关系与事实劳动关系分阶段辨析。

第一阶段，劳动合同订立而劳动关系尚未建立。劳动合同订立后，劳动关系未建立存在客观原因，即"履行劳动合同客观不能"。例如，劳动者病故或者需要住院治疗，经治疗后不符合劳动合同订立时所要求的劳动行为能力；或者劳动者因其他客观原因不能履行劳动合同约定的工作，如劳动者需要在国内学习或者出国深造等。从用人单位角度来看，因市场经营变化，在原有员工已满足的情况下招用新劳动者已属不必要，或者用人单位因违法经营已被工商行政管理部门吊销营业执照，或者用人单位已依法进入破产还债程序等。劳动合同订立后，劳动关系未建立也可因主观原因导致，即"履行劳动合同主观不能"。例如，就劳动者而言，劳动者因其他单位给予的条件优越而已与其他用人单位订立劳动合同，并建立了劳动关系，或者劳动者以明确表示或者以自己的行为表明不履行业已订立的劳动合同。就用人单位而言，用人单位已招用了其他劳动者，或者说用人单位明确表示或者以自己的行为表明不履行业已订立的劳动合同。不论基于何种原因，该劳动合同已不是一个处于"事实状态"的劳动合同，而是一个处于"法律状态"的劳动合同。[①]

依《劳动合同法》第 10 条第 3 款的规定，订立书面劳动合同后建立劳动关系之前的这一段时间，劳动合同已自双方签字盖章时生效，而劳动关系尚未因用工而建立。笔者认为，一个完全符合条件的法律行为（劳动合同）却不能引起劳动法律关系的产生，这在法理上似乎属悖论，而尚需自用工之日建立劳动关系，这无疑表明用工可以引发劳动合同尚未引发的劳动法律关系，那么用工的性质和地位如何呢？劳动法律关系的变动依托劳动法律事实而实现。所谓法律事实是指能够引起法律关系发生、变更、消灭的客观情况。《劳动合同法》第 7 条规定："用人单位自用工之日起即与劳动者建立劳动关系。"由此可见，用工行为能够引起劳动关系的发生，因此它首先是一种劳动法律事实。因为劳动系人的有意识的活动，所以劳动法律事实主要指人的行为。能够引起劳动法律关系发生的行为主要有劳动法律行为和劳动事实行为。劳动法律行为是最常见、最重要的如劳动合同；劳动事实行为如用工。

法律行为以行为人的意思表示为其必备要素，本质上是行为人设立法律关系意图的外在表示，史尚宽对此曾客观地指出："一切法律之效力均为法律所赋予，于此意义，法律行为之效力亦为法律所创设。然法律赋予法律行为以法律效力之理由，乃在于行为人于其意思表示亦欲如此之效力，即法律以行为人在心中

---

① 王立明：《劳动合同订立与劳动关系建立的法律识别》，《中国劳动》2008 年第 1 期。

有一定之效力意思，而意志表现与外部，故容认其效力意思，而以其相当内容之法律效力。"① 我国民法理论认为，事实行为是指行为人不具有设立、变更或消灭民事法律关系的意图，但依照法律规定客观上能引起民事法律后果的行为。② 我国台湾学者通常也认为，事实行为者，基于事实之状态或经过，法律因其所生之结果，特赋以法律上之效力行为。③ 用工仅是一客观行为，是某种业已实施的，对客观外界造成了影响或后果的行为，它不存在当事人预期意思之效力问题。因此，用工的性质属于劳动事实行为。劳动合同和用工均能引发劳动法律关系，二者分别能产生劳动合同关系和事实劳动关系。而且，这一观点还可以从另一角度得以印证。劳动法律关系的基本客体是劳动行为，即劳动者为完成用人单位安排的任务而支出劳动力的活动。它在劳动法律关系存续期间连续存在于劳动过程之中，在劳动者和用人单位之间的利益关系中主要体现用人单位的利益。④ 用工相伴随而生的就是劳动行为，笔者认为，这一客观事实不会因所谓书面形式的要求而有改变。因用工而生的劳动行为同样也是劳动法律关系的客体。

实际上，一个完全符合条件的法律行为（劳动合同）却不能引起劳动法律关系的产生，这在法理上并非悖论，这正是劳动法律事实的特殊性所在。劳动法律事实的构成具有复合性。

---

① 史尚宽：《民法总论》，转引自董安生《民事法律行为》，中国人民大学出版社 2002 年版，第 81 页。

② 佟柔主编：《中国民法》，法律出版社 1990 年版，第 38 页。

③ 史尚宽：《民法总论》，转引自董安生《民事法律行为》，中国人民大学出版社 2002 年版，第 79 页。

④ 王全兴：《劳动法》，法律出版社 2004 年版，第 67 页。

即劳动法律事实一般由两种以上的客观情况所构成，或者是两种以上行为相结合，或者是某种事件与特定行为相结合。仅某种行为或事件，一般不足以导致劳动法律关系的发生。^① 所以劳动合同生效，还需要辅以用工事实，方能使劳动法律关系发生。但需要注意的是，虽然劳动合同自身不能引发劳动法律关系，但劳动合同当事人也不得随意解除劳动合同，若解除劳动合同给对方造成损失的，应当承担相应的责任。这是劳动合同自身效力使然。

第二阶段，劳动合同订立劳动关系建立。用工是指用人单位实际上开始使用劳动者的劳动力，劳动者开始在用人单位的指挥、监督、管理下提供劳动。如果用工之日即订立劳动合同，那么劳动关系建立的时间与劳动合同订立的时间是一致的。

第三阶段，劳动关系建立后订立或拟制劳动合同。劳动合同订立是用人单位在法定的一个月宽限期内对劳动合同形式瑕疵的补正，若未在此期限补正形式则要承受向劳动者每月支付二倍工资的惩罚，若用人单位自用工之日起满一年不与劳动者订立书面劳动合同的，视为用人单位与劳动者已订立无固定期限劳动合同。不论是订立的还是拟制的劳动合同，用人单位与劳动者之间均建立起劳动合同关系，那么在此之前已经存在的劳动关系性质如何？我们首先应当肯定这一时期劳动关系的合法性，否则劳动者利益无法保障，那么，用工行为就是产生这一时期劳动关系的劳动法律事实，以事实行为的性质引起事实劳动关系的产生。

---

① 王全兴：《劳动法》，法律出版社 2004 年版，第 70 页。

（3）事实劳动关系是劳动法律关系的组成部分

将事实劳动关系定位成劳动法律关系的下位概念，打破了长期以来学界所认同的二者并列组成劳动关系的研究结果，使事实劳动关系和劳动合同关系共同组成劳动法律关系，成为劳动法的主要调整对象，这样也解决了劳动合同被确认无效或被撤销后，劳动者已经付出的劳动被作为事实劳动关系对待的法理依据的欠缺。

《劳动合同法》第 7 条规定："用人单位自用工之日起即与劳动者建立劳动关系。"《劳动合同法》第 10 条第 2 款规定："已建立劳动关系，未同时订立书面劳动合同的，应当自用工之日起一个月内订立书面劳动合同。"用人单位依此规定与劳动者订立了书面劳动合同，则在二者之间形成劳动合同关系。用人单位未与劳动者订立书面劳动合同的，《劳动合同法》第 82 条第 1 款规定："用人单位自用工之日起超过一个月不满一年未与劳动者订立书面劳动合同的，应当向劳动者每月支付二倍的工资。"笔者认为，此规定具有溯及力，用人单位自用工之日的第一个月开始到第十二个月终止均应向劳动者每月支付二倍的工资。对于此二倍工资支付的法律依据就是自用工之日起的一年内，用人单位与劳动者之间形成了事实劳动关系。《劳动合同法》第 14 条第 3 款规定："用人单位自用工之日起满一年不与劳动者订立书面劳动合同的，视为用人单位与劳动者已订立无固定期限劳动合同。"此规定表明，自用工之日起满一年后，用人单位与劳动者之间形成了劳动合同关系，虽然不具备书面形式，但具有拟制的作用。

第四章　劳动合同可撤销的认定及后果

第一节　劳动合同可撤销制度的一般考察

可撤销的法律行为是一种处于"撤销可能状态之法律行为"，其法律效力实际上以行为人是否行使撤销权为转移；如果行为人在除斥期间内行使撤销权，该行为自始无效；但在行为人未行使撤销权之前，该行为实际上已经发生法律效力，即"得撤销之法律行为首先有适合其内容之效力"，并且在除斥期届满或行为人表示不撤销该行为时，此类行为将取得确定的效力。[①]

一　劳动合同可撤销的界定

（一）劳动合同可撤销制度的概念

可撤销的合同依美国法学会的定义是指"其一方以上的当事人有权通过明确表示撤销之选择而阻止法律关系由该合同产生，或者通过对该合同的认可而使之成为有效并能够强制执行。"劳

---

① 董安生：《民事法律行为》，中国人民大学出版社 2002 年版，第 92—93 页。

动合同可撤销制度是指劳动合同当事人因意思表示不真实，可以通过撤销权人行使撤销权，使劳动合同的效力归于消灭。我国劳动法中没有关于可撤销劳动合同的规定，在劳动合同法草案中已初露可撤销劳动合同之端倪，但规定的尚不全面，特别是在解决可撤销与无效之间的界限及关系问题时仍显粗浅。而在劳动合同法中对此并未提及。

（二）设立劳动合同可撤销制度的可行性

劳动合同可撤销制度是瑕疵劳动合同救济手段之一。瑕疵劳动合同是指劳动者和用人单位在劳动合同的订立过程或所订立的劳动合同内容存在瑕疵的劳动合同。我国劳动合同法只规定了瑕疵劳动合同的无效制度，没有规定瑕疵劳动合同的撤销制度，从而瑕疵劳动合同的效力评价机制显得刚性有余而柔性不足。因此，笔者认为应当确立劳动合同撤销制度，改变目前实行的瑕疵劳动合同效力一元评价机制。

1. 对可撤销劳动合同的态度

（1）学界态度

学界对可撤销劳动合同有两种不同的态度。有的学者认为，损害国家利益的，以欺诈、胁迫或乘人之危等手段订立的劳动合同、重大误解、显失公平的劳动合同是可撤销劳动合同，并认为劳动合同撤销权可以向对方当事人行使，也可以采取诉讼或仲裁的方式。[①]另有学者认为，基于劳动合同当事人地位的不平等性、劳动者付出的劳动无法返还性、若劳动合同可撤销则会使劳

---

① 中国劳动法学研究会编：《劳动保障法学论丛》第 1 卷，中国人事出版社 2005 年版，第 117 页。

动合同处于效力无法确定的状态，因此不能将民事合同的可撤销制度草率地应用于劳动合同。①

（2）立法态度

因《劳动法》没有规定可撤销制度，对无效劳动合同的认定采用了简单的二元认定机制，要么有效，要么无效。其规定过于僵化，在实践中不但导致了大量无效劳动合同的出现，并且劳动合同一旦被确认无效，劳动者就面临失业的危险，不利于劳动者权益的保护，违背了立法的初衷。《劳动合同法（草案）》也采纳了这种观点，引入劳动合同可撤销制度，在第 19 条规定："对存在重大误解的劳动合同或者显失公平的劳动合同，用人单位和劳动者均有权请求劳动争议仲裁机构、人民法院予以撤销。用人单位乘人之危，使劳动者在违背真实意思的情况下订立劳动合同，劳动者有权请求劳动争议仲裁机构或者人民法院予以撤销。"《劳动合同法（草案）》（一次审议稿）引入了劳动合同可撤销制度，有利于弥补《劳动法》的二元效力认定机制的缺陷。但是，《劳动合同法（草案）》（二次审议稿）又取消了对可撤销制度的规定，正式颁行的《劳动合同法》对此仍未提及，而是在第 26 条规定，以欺诈、胁迫的手段或者乘人之危，使对方在违背真实意思的情况下订立或者变更的劳动合同是无效合同。该规定是国家出于切实维护劳动者的合法权益，为防止用人单位在订立劳动合同时利用劳动者求职时的弱势地位作出对劳动者来说有失公平的行为，而强制干预劳动关系的结果。但是这一规定显然忽视了现实生活中劳动力市场一直是买方市场，就业竞争十分激烈这样一

---

① 周宝妹：《劳动法要论》，群众出版社 2006 年版，第 113 页。

个事实，无效劳动合同制度虽然能够解除劳动合同对劳动者的束缚，但同时也剥夺了劳动者根据自己的意愿延续劳动合同的权利。[①] 这将使劳动合同的效力认定重新回到二元认定机制上，不能切实保护劳动者的合法权益。

2. 可撤销劳动合同的可行性分析

劳动合同法目的在于如何使劳动合同效力制度真正有利于劳动者。意思表示是否真实，完全由表意人自己决定，局外人不得干预。并且，随着市场经济的进步与发展，公民法律意识的逐渐增强，当事人不仅是自身利益的最佳判断者，也完全有能力通过行使法律赋予的权利而保护自己的利益。因而，意思表示瑕疵的合同作为可撤销的合同，由受害方决定是否撤销，乃是对其意愿的充分尊重和保护。郑玉波先生认为，此乃立法政策之问题，亦即视其所欠缺生效要件之性质如何以决定。其所欠缺之要件，如属有关公益（违反强行法规或公序良俗），则使之当然无效；如仅有关私益（错误、误解、被欺诈胁迫等）则使之得撤销。由受害方选择对其最为有利的请求，其结果将使对方当事人承担对其最为不利的责任，这本身可以形成对欺诈行为的有效制裁和遏制。将因欺诈、胁迫等瑕疵合同作为可撤销合同对待，使撤销制度发挥了神奇的综合功能，它不仅包容了无效制度的全部功能，同时弥补了无效制度无法体现意思自治、难以保障受害人利益的缺陷。劳动合同作为合同的一种形式，自然也可通过可撤销制度使受害方当事人的利益得到充分的保护。撤销合同可能并非是意

---

① 何新容：《试论可变更、可撤销劳动合同法律制度》，《法制与社会》2007 年第 9 期。

思表示瑕疵一方当事人的真实意愿，其当初就曾有缔结劳动合同的合意，如果仅允许其享有撤销权，那么当事人订立劳动合同的合意就得不到应有的保护。因此，应赋予当事人变更权或撤销权，由当事人自己选择劳动合同继续履行、有效，还是选择终止、无效。只有让受害方享有劳动合同的变更和撤销的选择权，才能充分保护其权益。当然这种变更需要得到司法权的协助，即要在法院或仲裁的司法权确认下进行变更。撤销权属于形成权，必须在法定的除斥期间内行使，逾期不行使，该权利消灭，但权利人以明示或默示方式放弃的，撤销权自放弃之日起消灭。

劳动法是公法与私法相融合而产生的法律部门，对劳动关系采取劳动基准法和合同法相结合的调整模式。在劳动基准法的限定范围之内，通过劳动合同的签订和履行，使劳动关系也比较充分地体现当事人的意志。如果劳动合同中的意思表示行为有瑕疵，虽然也具有一定的违法性，可能会间接侵害社会公共利益，但这种侵害与违反强行性规范，以合法形式掩盖非法目的、直接违反社会公共利益等合同造成的侵害比起来，还是比较轻微的，因此，对于有瑕疵的意思表示行为，无论确认其绝对无效还是相对无效，其目的均在于保护受害人利益。然而从实际功能来看，效力可撤销之评价所体现的保护倾向性较强，它仅赋予受害方当事人以撤销选择权。确立劳动合同撤销制度，符合保护在劳动合同中受欺诈人利益的立法政策取向。特别是在某些情况下，欺诈人可能产生认识上的错误，致使合同未损害受欺诈人或损害轻微，甚至欺诈人自身受损。于此场合，把欺诈作为可撤销的原因，由受欺诈人选择最为利于自己的权利，惩罚恶意之人。

二　劳动合同可撤销制度的多元透视

（一）劳动合同的社会学视角——关系性契约属性——劳动合同风险共担

麦克尼尔把契约现象分为两种理想状态："个别性契约"和"关系性契约"。其中，"个别性契约"是指当事人之间除了物品的单纯交换外当事人之间不存在任何关系。[①] 而"关系性契约"中，当事人之间具有极强的人身关系，契约随着对未来的合作计划和时间的推移逐渐展开，双方受到各自权力的制约，体现了很强的相互性。劳动合同包含了契约双方的人身依附关系，在人身依附的过程中，劳动者的劳动力与用人单位的生产资料产生结合，实现劳动；劳动者个人不可能实现整个生产过程，而且劳动者提供的劳动有些很难精确量化，劳动质量、劳动者的心理满足程度等；契约性团结是促使当事人在一起选择交换的动力，是关系契约追求的目的之一，劳动合同不仅提供当事人相互的交换，而且它的实际履行还提供诸如社会稳定、社会公平等价值；关系性契约并非像个别性契约那样会在短暂瞬间完成交易，而是会在一个相当长的时期内不断地进行交换，劳动契约确立后并非一成不变，计划在实际履行中不断地被修正，以适应不断变化的新情况；在劳动合同的实际履行中，任何一方遇到的风险都是对契约整体的风险，需要契约共同体来共同分担、解决。劳动合同的关系性体现在，有关规划将来劳动交换过程的劳动者和雇主之间的

---

① ［美］麦克尼尔：《新社会契约论》，雷喜宁、潘勤译，中国政法大学出版社2004年版，第10页。

各种关系，不仅体现在书面契约中的一系列承诺，更包括一系列非承诺性的交换、规划、安排，劳动关系具有持续性和变动性的特点。由于双方信息掌握得不对称和不完整，劳动合同无法预见未来的全部，将来实际发生的交换并不都由劳动合同来规划和安排，劳动合同的内容在履行的过程中不断变动。承诺只能包括全部情况的一部分。劳动合同最终价值的实现，依赖于自身条款的弹性化需求，以此来解决劳动关系存续期间未来各种不确定因素的加入。如企业根据市场的变动，作出经营战略、发展战略的变化，减员增员的需要；员工个人能力的变化，身体素质的变化；以及随着情势变更劳资双方达成新的工资标准等。

劳动合同双方在签订合同时，合同内容并非完全是其真实意思表示的结果。关系性契约中的突出特征是"交换"和"过程"：通过交换，形成一种身份关系和等级秩序，也是通过交换，得出"愿意"和"不愿意"的意志结果，产生愿意占优势的肯定性平衡。而在现实中，通常双方对交换的依赖性并不平衡，这就形成了权力不平衡，权力的不平衡必然导致意思自由的强弱不均。

因此，对于劳动合同的功能我们应当做一个倾斜的认识。一般地，合同的缔结包含了两层含义，亦即包含了两种功能，一是双方当事人缔约的合意；二是合同关系中具体权利与义务的配置。在传统民事合同中，普遍存在的是"个别性契约"，双方达成的协议是履行权利义务的依据。为了避免日后的纠纷，协议中的权利、义务必须明确，因此，"缔约的合意"和"具体权利、义务"的内容都很重要，缺一不可。

而在劳动合同中，当事人双方不可能在缔约时完全预见劳动关系存续期间可能发生的一切重要事件，劳动合同为典型的不完全合同，因此，就不应期待仅仅以劳动合同作为劳动关系发生后的履行依据。事实上，劳动关系的内容由三个层次构成：从劳动基准到契约团结，从倾斜立法到团体交涉，从宏观、中观到微观形成三个层次的劳动条件决定体系。在宏观上，法律以倾斜立法为原则，发挥着重要的重整功能，通过对工作时间、最低工资、劳动条件等强制性规定形成雇主的义务规范，为处于弱势地位的劳动者直接争取最基础的实体权利，并建立起以劳动监察为核心的、强制程度很高的执法体系。在中观上，由于雇主和劳动者形成了共有利益和风险分担，基于劳动合同中的任意性规范，给双方协商提供了依据。但由于劳动者处于弱者的地位，协商难以平等进行，国家即赋予劳动者以团结权，使劳动者的个人意志能够通过劳动者团体表现出来，由劳动者团体代表劳动者与雇主交涉劳动力使用过程中的事宜，以克服个别劳动关系的内在不平衡性。在微观上，劳动关系才是劳动者个人与用人单位的个别劳动合同。可见，劳动关系一部分的权利、义务是法定的，在法律规范要求的法律事实出现的情况下就会产生，而另一部分权利、义务则需要当事人的意思表示。因此，劳动合同中，我们更要关注的是第一层次即当事人缔约的合意，更要重视的是劳动合同启动劳动关系的功能，即使劳动合同的第二个层次与劳动基准等规范冲突，其中双方建立合同关系的合意仍然成立。

　　（二）劳动合同的经济学视角——劳动合同成本最小化——慎用劳动合同无效

　　由于人的理性是有限的，对外在环境的不确定性是无法完全预期的，因而，不可能将所有可能发生的未来事件都写入契约条款，更不可能制定出处理未来事件的所有具体条款，因为要预先了解和明确对这些所有可能实践来做出反应的代价是相当高的。① 因此，劳动合同本身不可能是完备的，特别是在签订劳动合同时就能形成完备的状态更是不甚可能。为实现劳动合同成本最小化，应允许劳动合同当事人对不可能完备的劳动合同进行不断的补充，即使劳动合同中存在诸多瑕疵，但只要不触及法律的底线，就要尽可能保持劳动合同的效力。

（三）劳动合同的法学视角——劳动关系触发机制——淡化劳动合同无效对劳动关系的影响

传统劳动法观点认为，劳动合同是确立劳动关系的依据，应当以劳动合同约定的内容来确定劳动关系履行中的双方的权利义务，这是劳动合同与劳动关系的并行结构。而从劳动契约的社会化视角出发，学者认为劳动合同虽也体现了一种合意，但这种合意正如麦克尼尔所说的"充其量只能发挥一种触发性作用"。② 这是劳动合同的触发机制理论。由于劳动合同不再是劳动关系全部内容的反映，那么瑕疵劳动合同效力如何并不影响劳动关系内容的存在，将劳动合同作为劳动关系的一种触发机制，淡化了无效劳动合同对劳动关系的影响。

三　可撤销劳动合同的类型

可变更、可撤销行为，简称可撤销行为，是因意思表示有法定的重大瑕疵而需以诉讼变更或者撤销的行为。法律赋予受不利

---

① 陈银娥：《不确定性与早期劳动合同——契约理论的一个新发展》，《中南财经政法大学学报》2003年第3期。
② 董保华：《劳动关系调整的法律机制》，上海交通大学出版社2000年版，第163页。

影响的一方当事人在一定期限内行使撤销和变更的选择权，以消除既有意思表示中的错误或者显失公平的成分，使之成为无瑕疵的劳动合同。如果劳动合同当事人意思表示有缺陷，不符合劳动合同有效要件的，但是只涉及当事人而不涉及国家或第三人利益，其有效还是无效的选择权应由受害方享有，即赋予受害方撤销权和变更权。若其选择有效则放弃行使撤销权；若选择无效，则可行使撤销权或变更权。一旦当事人行使了撤销权或者变更权，则被撤销或变更部分，就视同无效，自始不发生效力。无效劳动合同，既有意思瑕疵的，也有主体不合格的，还有违法的，而可撤销行为大多属于意思表示瑕疵。无效劳动合同不论劳动合同当事人是否主张，都从行为开始就确定地不能发生法律行为的固有效力。而在德国等国家，他们的民法体系与结构都比较先进，除了无效合同，还有可撤销、效力待定等合同制度，这也影响到劳动合同的无效范围。因此，真正最终被宣布无效的劳动合同是非常少的。最后，从后果的处理上，德国劳动法并没有另行建立一套制度去调整无效劳动合同下履行的劳动关系，而是将其纳入现有的有效劳动关系的体系内进行处理。这一规定非常值得我们借鉴。

（一）劳动合同法草案中劳动合同可撤销的类型

1. 重大误解的劳动合同

重大误解是指对订立劳动合同至关重要的事项产生了错误认识从而做出违背自己真实意思的行为。关于重大误解的构成条件，主要有以下几点：首先，误解必须是重大的。应当从以下两个方面来认定：第一，对足以影响合同成立的内容产生误解，如对劳动者的年龄、身体状况、工作经历、知识技能以及就业现状的重大误解，对用人单位经济实力、提供的工作待遇、工作条件的重大误解。第二，误解对当事人造成了重大不利的后果，造成了双方当事人权利义务关系显著失衡。其次，误解是由行为人自己的轻微过失造成的。是由于行为人自己未尽到一个谨慎、理智的人的注意义务造成的。再次，重大误解与劳动合同的订立或合同条件存在着因果关系。假如没有这种误解，当事人将不订立合同或虽订立合同，但合同条件将发生重大改变。最后，因重大误解而订立的劳动合同误解的内容必须不得违反劳动法及相关法律的强制性规定。考虑到劳动合同的特殊性，对因重大误解而订立的劳动合同不能是毫无选择地直接适用民法的相关原理。例如，某饭店不知真相而雇用患有乙肝的劳动者（劳动者对此也不知情，否则为欺诈）为其单位的厨师，待用人单位获知其真相则可以以重大误解为理由变更或撤销劳动合同。但若上述饭店雇用的是清洁工，则不得以此为理由主张重大误解行使撤销权。

曾有这样一例：陈某于1998年开始在医院护理生活不能自理的病人，因费用问题常常和病人发生争执，其护理费用遂由护士长代为核算保管并按月发放。2001年9月，陈某向劳动仲裁委员会申请仲裁，要求医院补签自1998年9月开始的劳动合同，补足最低工资标准，并补发加班工资。陈某认为，自己的护理工作是由医院护士长指派，工资都由医院计发，由护士长发放，当然与医院之间存在劳动关系。医院认为，医院与陈某未签订过任何协议，双方并无劳动关系。陈从事病人陪护工作，并非医院委派或招聘，而是由病人雇佣在病房为病人服务，与病人之间存在雇佣关系。陈的劳动报酬和任用完全由住院病人决定、由病人承担，护士长只是代为计算劳动报酬，并将应由病人给付给陈的劳动报酬代为转交给陈。医院从未以医院名义向陈发放过劳动报酬，医院对护工的管理是为了维护病人利益，维护公共场所的正常秩序，而不同于企事业单位对本单位职工的管理。[①] 陈某与医院之间争议的焦点在于二者之间是否存在劳动关系。陈某从自己利益角度考虑，认为与医院存在事实劳动关系，而医院则认为陈某为病人所雇佣，与医院没有劳动关系。对此双方之间存在理解分歧。此案最终医院败诉，表明司法实践中对虽有理解分歧但试图以无劳动合同为名逃避法律义务的用人单位给予了严厉惩戒。

2. 显失公平的劳动合同

所谓显失公平是指一方当事人利用优势或者利用对方没有经验，致使双方的权利与义务明显违反公平、等价有偿原则。现实生活中，因欺诈、胁迫、乘人之危、重大误解、行为人欠缺行为能力等都会导致显失公平，而我们这里所指的显失公平并非是以上的原因所导致的结果，这里的显失公平是当事人在缺乏经验的情况下的显失公平。关于显失公平劳动合同的构成要件，亦应包括主客观两方面的要件：主观要件，即一方故意利用其优势或另一方轻率、无经验等订立了显失公平的劳动合同；客观要件，即客观上造成了当事人之间的利益严重失衡的结果。只有将主客观要件结合起来，才能正确认定显失公平问题。即便契约是当事人自己签订的，我们也可断言某些契约是不公平的。显失公平关注的就是协议本身实质上的不公平及当事人利益的不平衡。显失公平是指契约中明显的和实质性的瑕疵。一个专门从事外观包装修

---

① 此案例选自董保华、杨杰著《劳动合同法的软着陆》，中国法制出版社2007年版，第64页。

缮的分包商，在高失业率期间以低工资向年轻人提供工作。分包商说明了工作有危险，而且他能够提供的安全保障设备和购买的保险包括的范围也有限。所有雇员都签署了接受全部工作风险的承诺，并且承诺在任何情况下都不对公司提起诉讼。一位雇员从摇摇欲坠的梯子上掉下来受了重伤，对该梯子的情况他完全知晓。雇员提起诉讼，主张雇主有过失，没有提供安全的工作场所。① 法院在此类案件中拒绝执行雇员的允诺，判决他们的条款显失公平，因为雇主对于雇员残疾的责任不问过错，除非是醉酒或者故意受伤。这种判决背后的理由可以归结为：允诺人没有真正意义上的选择，并且实际条件对他而言实质上是不公平的，特别是考虑到他的穷困或者相对弱势。在英国合同法上，法院在考虑合同效力时，通常是把公平和公共利益这两种理由联系在一起，并且"试图在契约神圣和双方当事人彼此公正之间找到合理的平衡"。因此，一般说来，"法律本身并不直接涉及双方当事人所订的协议是否公平或公正……仅仅因为合同是苛刻的、压迫性的或不合理的，法律便取消合同或合同条款，这是很鲜见的"。"很难找到仅因合同不公平而法律干预合同的其他实例。"②

3. 乘人之危的劳动合同

所谓乘人之危，是指乘对方处于危难之际，迫使对方作出不真实的意思表示。其构成要件包括：第一，劳动合同一方当事人正处于危难之际。这里所谓危难，即包括经济上的困难，也包括

---

① ［美］查尔斯·弗里德：《契约及允诺》，郭锐译，北京大学出版社 2006 年版，第 120 页。
② ［英］P. S. 阿蒂亚：《合同法概论》，程正康等译，法律出版社 1982 年版，第 231 页。

其他与经济有关的紧迫需要。第二，另一方当事人乘对方处于危难之际，提出与对方订立劳动合同或订立一些不公平合理的合同条款。第三，该种行为所造成的后果是严重损害劳动合同另一方当事人的利益。造成双方当事人利益的显著失衡，从而违背了公平原则。从原因上看，表意人非自愿接受的结果与相对人不诚信地利用其危难处境有关，虽属被迫，但对劳动者摆脱危难境遇有一定帮助，除非因此损害社会公益，否则劳动者完全可以自行选择劳动合同的存续。

（二）可撤销劳动合同类型的补充

1. 主体资格缺失的劳动合同

（1）用人单位法定资格的缺失

依《劳动合同法》第 2 条规定，中华人民共和国境内的企业、个体经济组织、民办非企业单位、国家机关、事业单位、社会团体都可以作为用人单位与劳动者订立劳动合同。但由于这些用人单位范围之广，形式之多样，对其权利能力和行为能力未作特别规定，也很难作具体的规定，这样只能依民法通则或相关单行法来确定。如果不在这一适用范围内，则不能适用劳动合同法。不具备合法经营资格的用人单位是指具有以下情形之一的单位：应当取得而未依法取得营业执照，擅自从事经营活动的；已经办理注销登记，仍擅自继续从事经营活动的；被吊销营业执照，仍擅自继续从事经营活动的；营业执照有效期限届满后未按规定重新办理登记手续，仍擅自继续从事经营活动的。用人单位主体资格缺失却与劳动者签订的劳动合同的现象很普遍。如已被取消开工资格，被关闭的小煤窑仍然在继续着非法用工行为，事故频发。再如，用人单位的下属单位，车间、分公司、职能科室等与劳动者签订劳动合同。劳动者作为劳动关系中的弱势一方，很难对用人单位的资格进行判断。劳动合同文本由用人单位提供，劳动者仅有附合签署的权利，在就业形势如此严峻的今天，劳动者的选择余地很小。然而，合同文本中没有明确的用人单位的资质状况，劳动者要求验证用人单位资质的可能性几乎不存在。

（2）劳动者主体资格的缺失

缺乏一般劳动行为能力而参与到劳动关系中，如年龄不足 16 周岁的未成年人参加建筑工地的体力劳动，用人单位招用已满 16 周岁未满 18 周岁的公民从事有毒、有害的工作或者危险作业；缺乏特殊行为能力而参与到劳动关系中，如劳动者伪造某一资格证书到用人单位从事专业性极强的工作。由于用人单位对劳动者资格审查不细致，或者明知劳动者缺乏劳动行为能力却为一己私利进行招用，当然也会发生缺乏特殊劳动行为能力的劳动者给用人单位带来损失的现象。

（3）主体资格缺失的原因

从主观上看，在当今劳动力市场中，尤其在技术含量较低的工种范围内供大于求的局面始终存在。为了谋生的需要，劳动者虚报年龄、虚报资历，仅仅就是为获得工作饭碗。马克思指出："劳动契约并非生产的自由当事人的契约。他'自由'出卖劳动力的时间，乃是他被迫出卖劳动力的时间。"① 从用人单位的角度来看，由于用人单位的资格需要财产因素、技术因素、组织因素等多方条件的支撑，而且受国家控制的程度相对较大，许多用

---

① 《马克思恩格斯选集》第 16 卷，人民出版社 1977 年版，第 303 页。

工主体虽无用人单位资格却行劳动用工之实，损害了劳动者的利益。

从客观上看，或者因政策原因所致，如一些地方政府出台务工许可证，致使一些外地务工者由于未及时办理务工证，即使与用人单位签订了劳动合同，双方发生纠纷后，往往也被法院以主体资格不合格为由判定为非法劳动关系，不能得到劳动法的保护。或者因适用范围过窄，《劳动合同法》第2条规定，中华人民共和国境内的企业、个体经济组织、民办非企业单位与劳动者建立劳动关系，订立和履行劳动合同，适用本法；国家机关、事业单位、社会团体和与其建立劳动关系的劳动者，依照本法执行。这与劳动法规定的适用范围是一致的。同时为了解决实践中经常出现的用人单位与劳动者是否存在劳动关系的争议，草案还对劳动关系的概念作了界定：劳动关系是指用人单位招用劳动者为其成员，劳动者在用人单位的管理下提供有报酬的劳动而产生的权利义务关系。这样致使许多从事雇佣劳动的劳动者，如建筑工人，虽然存在劳动关系，但却因主体不合格不能适用劳动合同法，一旦发生纠纷，只能依普通民事法律按劳务关系处理，其结果使得劳动者在劳动报酬、解除劳动合同的经济补偿、劳动保护、工作时间、社会保险特别是工伤待遇方面与受劳动合同法保障的劳动者有很大的不同。

（4）劳动合同主体资格缺失的法律后果

劳动合同法草案曾规定，劳动合同主体资格缺失，劳动合同无效。劳动合同被劳动争议仲裁机构或者人民法院确认无效后，劳动者已付出劳动的，一般情况下用人单位应当向劳动者支付劳动报酬。无营业执照或者未依法登记、备案的单位以及被依法吊销营业执照或者撤销登记、备案的单位招用劳动者的，由劳动保障主管部门按每一名劳动者 1000 元以上 5000 元以下的标准处以罚款，并由工商行政管理部门予以取缔。草案的这一规定似乎加大了对不合格用人单位的监管力度，但这并不能更全面地保障劳动者利益。

劳动合同无效时，如果劳动者已提供了劳动，则自始无效的劳动合同已不能成为劳动者与用人单位双方相互提出请求权的基础。而按合同无效理论，则因该合同取得的财产应当予以返还。显然，劳动合同无法适用合同法原理，劳动力一旦付出就无法恢复到劳动合同订立前的状态。

首先，劳动合同主体资格缺失，劳动合同无效是否是最佳判断？无效是由法律针对违法行为设定的威胁性不幸或制裁，尽管人们承认在某些情况下，这种制裁可能仅等于轻微的不便。[①] 无效固然具有强大的威慑力量，但对于出于无奈缔结劳动合同的劳动者和期望谋求利益最大化的用人单位来说，如因主体资格缺失就确认该劳动合同无效，对双方当事人都不是最好的预期，特别是对劳动者一方。

其次，用人单位在劳动合同无效后的付酬、被罚款、被取缔是否能充分赔偿劳动者因此而遭受的损失？用人单位在劳动合同无效后对劳动者的付酬仅仅是对劳动者所付出劳动的补偿，而对用人单位的罚款、取缔表面上是对用人单位进行了处罚，但劳动者不能从中得到任何赔偿，这样因用人单位的过错给自己造成的

---

① ［英］哈特：《法律的概念》，张文显等译，中国大百科全书出版社 1996 年版，第 35 页。

损失只能由自己来承担，这里还包括重新寻求工作机会的风险。如果这种法律缺乏一个必须附着其后的制裁，缺乏一个由主权者或国家规定的、更为确定的而且无可置疑的制裁，那么其所伴随而生的义务也就与宗教义务或道德义务无异。[①] 因此，与劳动合同法的立法宗旨相适应，因用人单位过错导致劳动合同无效，用人单位除要对国家承担相应的责任外，还要对劳动者进行赔偿，以弥补劳动者在订立合同之初基于对用人单位的信任所造成的各种损失。最高人民法院关于审理劳动争议案件适用法律若干问题的解释对此进行了明确的规定："劳动合同被确认为无效后，用人单位对劳动者付出的劳动，一般可参照本单位同期、同工种、同岗位的工资标准支付劳动报酬。由于用人单位的原因订立的无效合同，给劳动者造成损害的，应当比照违反和解除劳动合同经济补偿金的支付标准，赔偿劳动者因合同无效所造成的损失。"

（5）主体资格缺失的劳动合同效力的应然选择

我们认为，法律应尽量尊重当事人的意愿，对当事人双方仍愿意保持劳动关系的，法律则不应强使该劳动合同无效，继续维持劳动合同效力对当事人双方来讲无疑是最佳选择。当然此选择以不损害国家或社会公共利益为前提。如果只涉及当事人的利益，应将劳动合同主体资格的缺失作为可撤销劳动合同的类型对待，通过除斥期间的适用，将撤销权赋予利益受损一方，这样，既保护了利益受损一方的当事人，又较好地维护了劳动合同的效力，减少了事实劳动关系的发生。如果无劳动行为能力的劳动者

---

① ［英］哈特：《法律的概念》，张文显等译，中国大百科全书出版社1996年版，第37页。

进入到劳动关系中来，那么依英美合同法的"劳务之有益契约"的规定，只要对无行为能力人有益的劳动合同就肯定其效力，这种立法模式对保护无行为能力人的利益和社会的交易秩序具有一定的积极意义。

2. 以欺诈、胁迫手段订立的劳动合同

胁迫是在缔约过程中的恶意，胁迫的受害者完全明白发生了什么事，并且还将会发生什么事。胁迫的情形很多，包括所有由于某种原因使人认为不存在自愿选择从而导致不应看作有意约定且有强制力的行为。① 将以欺诈、胁迫手段订立的合同作为可撤销合同更为合理。因为将采取欺诈、胁迫等手段订立的劳动合同作为可撤销合同，赋予受害方变更或者撤销的权利，受害方将占有主动地位，受害方可以选择变更或者撤销合同，也可以使合同有效，从而获得就业机会以及劳动法和合同法上的权利，这样更有利于受害方的权利保护。② 作为可撤销合同，劳动者可以在撤销期限内主张合同无效，如果过了撤销期，在《劳动合同法》赋予劳动者解除劳动合同高度自由权的背景下，例如双方协商一致可以解除（第36条），劳动者提前三十天书面通知用人单位可以解除劳动合同（第37条），劳动者完全可以通过解除劳动合同的方式来结束双方的劳动关系，并可以名正言顺地获得合同解除时的经济补偿。由于将以欺诈、胁迫手段订立的合同作为无效合同，为了使劳动者在合同无效时也可以同样获得合同解除时的经济补偿（第46条第1项），《劳动合同法》规定，因以欺诈、胁

---

① ［美］查尔斯·弗里德：《契约及允诺》，郭锐译，北京大学出版社2006年版，第107页。

② 王全兴：《劳动法》，法律出版社2004年版，第137页。

迫的手段订立或变更合同致使合同无效的，劳动者可以解除劳动合同（第38条第1款第5项，第26条第1款）。这种规定，在法理上是错误的，因为合同无效并不存在解除的问题，合同解除的前提是合同的有效成立。如果将以欺诈、胁迫手段订立的合同作为可撤销合同就可以避免法理上的障碍，因为可撤销合同过了撤销期就成为有效合同，自然可以解除；如果当事人在撤销期内撤销合同的，则适用劳动合同无效的缔约过失责任，即劳动合同被确认无效，给对方造成损害的，有过错的一方应当承担赔偿责任（第86条），在法理上可以言之成理。[①] 确立因欺诈、胁迫等手段而订立的劳动合同为可撤销劳动合同是对当事人意思自治原则的维护。受欺诈人因受欺诈所作的意思表示属于不真实的意思表示，而意思表示是否存在欺诈因素，当事人若不提出，外人难以知晓，因而是意思表示是否真实，应完全由表意人自己决定，外人不得干预。把欺诈作为可撤销的原因，充分尊重受欺诈人的意愿，体现了意思自治原则的要求。

（1）欺诈的形式

欺诈可以通过积极作为或者在有告知义务时的不作为来进行。雇员的告知义务与雇主的提问权：如果雇主提出了一个不允许提问的问题，那么雇员就可以故意做出不正确的回答，并且雇主不能因此基于欺诈而要求撤销，因为这种"欺诈"既非恶意又不违法，而且劳动者若对此问题保持沉默会产生对其不利的后果。[②]

---

① 谢增毅：《对劳动合同法若干不足的反思》，《法学杂志》2007年第6期。
② ［德］W.杜茨：《劳动法》，张国文译，法律出版社2005年版，第79页。

　　采取欺诈手段签订劳动合同的情况很多，有些用人单位为了招聘到优秀的人才，在招聘广告中夸大劳动环境和工作条件，或口头允诺支付高额工资等；劳动者没有提供给用人单位直接关系到劳务的信息，如用人单位不知真相地雇用有经济犯罪前科的劳动者为其单位的会计。如何判断劳动者是否履行了告知义务应遵循以下标准：劳动者告知的内容一般只与劳动合同的劳动义务有实质联系。例如，劳动者应聘的是某工厂的门卫，对于其在以往工作中曾驾车肇事的事实就没有必要告知。用人单位的录用条件或告知要求不得违反法律和公序良俗。例如，在实践中许多用人单位在面试中要求女性求职者提供婚姻状况，求职者即使隐瞒了婚姻状况也不构成对告知义务的违反，用人单位不能以此主张劳动者欺诈而导致合同无效，同时不得侵害劳动者的人格权。对于履行劳动义务没有实质意义的情况，或者用人单位的要求违法、侵害了劳动者的人格权，劳动者即使提供的是虚假信息，用人单位也不能据此主张劳动合同无效。[①]

　　具体来说，劳动者在签订劳动合同时提供的虚假信息因原因不同应区别对待。一种情况是此虚假信息与劳务无直接联系。用人单位要求的"条件"非法，劳动者被动作假。劳动合同中与违法条件相关的条款应属无效条款，用人单位不得因此而主张劳动合同无效。如条件为"女职工应为未婚，劳动合同签订之日起3年内不准结婚或生育，否则予以辞退"，已婚女性为获得工作谎称自己未婚，用人单位日后不得以此主张合同无效。用人单位与已怀孕女工签订劳动合同时不知其已怀孕，此合同不得被撤销。

<hr>

　　① 吴文芳、韦祎：《论劳动合同中的附随义务》，《法商研究》2006年第4期。

用人单位要求合法，劳动者迫于生活压力造假，如劳动者对某些特殊资格认证、技能认证证书造假，应为可撤销合同。另一种情况是此虚假信息与劳务有直接关系。如劳动者因身体原因不符合用人单位的录用条件的，找人代替其参加体检。由于此条件与劳务有直接关系，虚假信息必然会导致用人单位利益的损失，应成为可撤销的理由。

（2）胁迫的形式

胁迫是指以给公民及其亲友的生命健康、荣誉、名誉、财产等造成损失为要挟，迫使对方做出违背其真实意思表示的情况。

用人单位的胁迫。在劳动合同法中，主要是指用人单位以殴打、侮辱、威胁杀害或伤害劳动者、非法限制劳动者人身自由、拒绝办理调迁手续等多种方式强迫劳动者违背其真实意愿而订立的劳动合同。有一典型胁迫案例：张某等若干名工人与南方某公司签订了为期一年的劳动合同，由于该公司劳动保护措施较差，劳动强度大，工资低，张某等人均不满意，在张某带领下商定在合同到期后不再与该公司续签合同。合同即将到期时，公司收到一份大订单，为了留住工人干活，公司老板雇人将张某殴打一顿，并警告张某，若不带头续签合同，必然要吃更大的苦头，张某因惧怕而与公司续签了合同，其他人也随其续签了合同。对此类因胁迫订立的劳动合同，劳动者可以主张撤销。

劳动者的胁迫。劳动者在大多数情况下都会以弱者身份出现，但有时，劳动者为获取某一工作，或故意或被逼无奈而采取一些极端措施，如劳动者以杀害单位人事部门负责人或揭露其隐私相威胁而迫使该负责人同意录用。

3. 以不正当影响订立的劳动合同

实际上广义的胁迫不仅仅包括这些重大的明显不自愿同意的情形，它是包括所有由于某种原因使人认为不存在自愿选择从而导致不应看作有意约定且有强制力的行为，如不正当影响行为。不正当影响是指合同的一方当事人在订立合同时，受到另一方当事人的不适当影响，未能按照其真实的意愿决定是否订立合同，订立怎样的合同。它是由衡平法发展来的，英美普通法中的承诺瑕疵理论仅包括肉体上的胁迫，而不包括精神上的强制，即对于经济胁迫、精神胁迫、道义胁迫以及其他性质的胁迫等使用非肉体胁迫的不正当方法，诱使对方缔结合同，则不能得到救济。衡平法弥补了普通法的不足，衡平法院将对因不正当影响而得来的利益予以排除，即对一个违反良心，利用亲属、监护人、雇主等身份从另一人处获得签订契约或其他不应得利益的人，大法官将进行干预，禁止他主张契约权利，从而把道德上的迫切需要列到法律规定中。在英美法上，不正当影响是影响合同效力的原因，通常能产生合同被撤销的法律后果。

不正当影响与胁迫在行为目的与行为后果上有一定相似之处，但仍存在着诸多不同：第一，行为手段不同。不正当影响是当事人利用合同对方对自己的信任，对其施加影响，主要是通过劝告、说服等手段进行，使对方从心理上、精神上造成恐慌；胁迫是通过现实的或将来的暴力行为进行威胁，使对方产生恐惧。第二，行为作用的对象不同。不正当影响是对方当事人或第三人施加给合同中处于劣势的当事人本人；而受胁迫的对象可能是在合同中处于劣势的当事人本人，也可能是其近亲属。第三，行为侵害的客体范围不同。不正当影响仅是对人的精神或心理，如人的思想、感情、意志等的支配；胁迫是对人身、财产等的侵害。第四，行为的外在表现形式不同。不正当影响是一种间接的、较隐晦的行为，对人之意志具有较缓和的渗透力，使之感到很难拒绝或认为对方的提议是最佳的；胁迫是一种直接的、较外露的行为，对人的意志具有较强的穿透力，使之感到危险或损害发生的急迫性。第五，行为性质不同。不正当影响由于主要由劝告、诱引等言语构成，仅是行为不当；胁迫行为既可是违法行为（已实施暴力），也可能是不当行为（以将来的暴力相威胁）。

英国的不正当影响通常有两种类型：[①] 一是推定的不正当影响。由于特定身份或长久的特别关系的存在，如监护人与被监护人、牧师与教徒、医生与病人、律师与当事人等，一方依赖于另一方的言行，使处于弱势的一方很容易地受到对方的影响；二是实际的不正当影响。虽然不存在上述特殊关系，但只要处于劣势的当事人能够有效证明其订约是建立在信赖对方并受对方诱引和压力的基础上，就认为实际的不正当影响存在，从而获得合同撤销权。美国司法判例有两种类型：第一类是一方以不公平合理的方式利用自己在心理上占据的支配地位诱导占从属地位的另一方的同意而成立合同的案件；第二类是一方利用他的被信任者的地位而不是支配地位来说服另一方同意而成立合同的案件。[②]

在劳动合同法中建立遏制不正当影响制度很有必要，它有利

---

① 袁雪：《浅析英美法系的不正当影响制度》，《学术交流》2005 年第 6 期。

② 沈达明：《英美合同法引论》，对外贸易教育出版社 1993 年版，第 118 页。

于保护受不正当压力的弱势当事人，实现公平与正义。衡平法对一个利用雇主身份从另一人处获得签订契约或其他不应得利益的人，大法官将进行干预，禁止他主张契约权利，从而把道德上的迫切需要列到法律规定中。① 因为劳动者对用人单位的人格、组织及经济上的从属性，用人单位对劳动者施加这种不正当影响的可能性极大。劳动者迫于这种影响或者是自己接受某些不合理条件，或者以不合理条件使用人单位从另一人处获得契约。因此，这种不正当影响的后果不仅及于劳动者自身，还会及于他人。如果劳动合同当事人之间没有信任关系存在，但双方谈判的时间、地点及状态不合适；主控一方使用数人向单一对方为不当之游说或当事人一方无法取得第三者之独立参考意见②，均可适用不当影响进行救济。

第二节　劳动合同撤销权的行使

撤销权是指撤销权人依其单方的意思表示使合同等法律行为溯及既往地消灭的权利，其性质属于救济性形成权。该权利行使之目的是为追求恢复或弥补被损害的权利。

一　劳动合同撤销权的行使方式

因变更权、撤销原因不同，撤销权人也不同。重大误解劳动合同中，误解人是变更、撤销权人；显失公平、乘人之危劳动合

---

① 袁雪：《浅析英美法系的不正当影响制度》，《学术交流》2005年第6期。
② 杨桢：《英美契约法论》，北京大学出版社2000年版，第253页。

同中，遭受明显不公的人是变更、撤销权人；受欺诈、胁迫订立的劳动合同中，受欺诈、受胁迫的人是变更、撤销权人。有权行使变更、撤销劳动合同权的当事人既可以向劳动争议仲裁机构，也可以向人民法院行使变更权、撤销权。如果当事人请求变更的，人民法院或者仲裁机构不得撤销。

关于撤销权行使的方法有两种立法例，一种是以诉讼为必要方法，如法国、意大利及我国现行法要求撤销权人应通过诉讼方式，请求人民法院或仲裁机构予以变更或撤销；另一种是依意思表示而撤销，如德国、日本民法采取依撤销权人向对方当事人作撤销的意思表示的方式。劳动合同的撤销与无效不同，无效申请权属形成之诉权，而撤销权属救济性形成权，劳动合同双方当事人对具有可撤销理由没有异议，双方可自行决定是撤销劳动合同还是变更劳动合同。因为可撤销事由对当事人利益有影响，允许当事人自行处理私的范畴内的事项，是对其利益的最好维护。如果对此发生争议，也应赋予当事人寻求公力救济的途径。在我国，应赋予撤销权人同相对方协商撤销劳动合同的权利，即依意思表示即可撤销，但需要以诉讼或仲裁为辅助方法，在对劳动合同是否可撤销发生争议时，通过仲裁或诉讼方式实现。

二　劳动合同撤销权的行使时效

关于行使撤销权的法定期限，各国规定不一，如法国为 5 年（法国民法典第 1304 条），日本为自得予追认时起 5 年和行为开始时起 20 年（日本民法典第 126 条），德国为意思表示后 30 年，以及发现诈欺、胁迫时起 1 年（德国民法典第 121 条、第 124

条）。这些时限性质上属除斥期间，不发生中止和中断。① 英国法规定发现欺诈性误述而撤约的诉讼时效为 6 年。

　　劳动合同法的草案规定了劳动合同的撤销权，有一定进步意义。但撤销权行使时效的规定存在操作难度。它采用合同法的规定，即在具有撤销权的当事人自知道或应当知道撤销事由之日起一年内没有行使撤销权的，或者具有撤销权的当事人知道撤销事由后明确表示或以自己的行为放弃撤销权。由于劳动合同当事人存在的不平等关系，加之就业带来的沉重压力，劳动者想要行使撤销权比较困难，而一旦不行使，一年的撤销期满，则撤销权消失，劳动者不得不接受显失公平的劳动合同，这显然将造成更大的不公平。因此考虑劳动关系的特点，我们应规定撤销权、变更权行使的最长时效。这里可借鉴《德国民法典》第 121 条的规定："因为'错误'而产生的撤销权，如果权利人没有及时行使该权利，经过 10 年，该权利就会被涤除。"规定当事人自可变更权、撤销原因发生之日起 10 年未行使变更权、撤销权的，该权利即告消灭。② 根据我国劳动合同期限的短期化特点，应该允许具有撤销权的用人单位或者劳动者在劳动合同期限届至前均可主张撤销劳动合同；如果是无固定期限劳动合同，具有撤销权的用人单位或者劳动者自知道或者应当知道劳动合同撤销事由之日起 10 年内没有行使撤销请求权的，该撤销请求权消灭。

　　需要注意的是，劳动合同撤销权的行使不同于一般民事合

　　① 王卫国：《论合同无效制度》，《法学研究》1995 年第 3 期。
　　② 何新容：《试论可变更、可撤销劳动合同法律制度》，《法制与社会》2007 年第 9 期。

同，用人单位撤销权的行使应有所限制。劳动者为了规避某些不合理的规定并对抗用人单位而提供虚假信息并以此信息为主要依据订立合同的情况下，劳动合同撤销权的行使是由用人单位一方掌握的，同时用人单位行使撤销权将意味着劳动关系的终止。这种不稳定的法律关系在劳动合同中的后果与其他普通的合同中的后果是不同的。从而，在瑕疵劳动合同中用人单位行使撤销权必须是在善意和诚实信用原则的范围之内方可，不得无条件的和在任意范围内行使。①

第三节　劳动合同可撤销的法律后果

一　劳动合同可撤销的当然后果

（一）撤销权人不行使撤销权的法律后果——劳动合同继续有效

劳动合同的撤销是指因意思表示不真实，通过撤销权人行使撤销权，使已经生效的合同归于消灭。撤销权不行使，劳动合同继续有效。所以，虽具有可撤销的原因，具有撤销权的当事人自己知道或者应当知道撤销事由之日起的法定期间没有行使撤销权或者具有撤销权的当事人知道撤销事由后明确表示或者以自己的行为放弃撤销权的，表明其仍愿意维持劳动合同效力，那么基于可撤销原因属意思表示瑕疵，不损害社会公益，因此应尊重撤销权人的选择，保有劳动合同的效力。

---

① 金玄武：《论瑕疵劳动合同的效力》，《法学》2001 年第 10 期。

（二）撤销权人行使撤销权的法律后果——发生与无效相同的后果

一般认为，撤销的后果是自始无效。但也有学者认为，劳动关系因善意雇员（不知或不应知劳动合同的无效性）的实际履行而有效，撤销仅导致劳动关系自撤销时起无效，而非自始无效，但对于恶意撤销相对人和被有效撤销但尚未实际履行的劳动合同则仍适用法律行为自始无效的原则。① 如果劳动关系已按双方意愿完全履行，按照不当得利进行返还清算不能与对雇员进行特别社会保护的必要性协调一致，而且对于那些非财产交换的给付（如劳动、休假）在返还清算上存在特别的现实困难。按照主流观点，被撤销的劳动关系在履行期间被当作有效看待，即所谓有瑕疵劳动关系的或者事实劳动关系。② 撤销权人可以主张变更劳动合同内容，如果坚持撤销，则劳动合同因被撤销而消灭，发生同无效相同的后果。

二　劳动合同可撤销与解除的关系

劳动合同法草案中曾有关于可撤销劳动合同的规定，但在《劳动合同法》中却又回避了这一问题，其中一种观点认为劳动合同可撤销制度可以通过劳动合同解除来实现，故没有存在可撤销劳动合同的必要。这就产生了劳动合同撤销权与解除权的关系问题。

（一）劳动合同可撤销与劳动合同解除的相似性

撤销和解除劳动合同在一定程度上有极强的近似性。首

---

① 李光：《浅析德国法中撤销与非常解除劳动关系的区别》［EB/OL］，http：//www. civillaw. com. cn/article/default. asp? id=16212，2008. 9. 3。

② ［德］W. 杜茨：《劳动法》，张国文译，法律出版社 2005 年版，第 47 页。

先，二者同为形成权，都是通过须受领之单方法律行为达到终止劳动关系的目的。其次，二者均以相应的事由为前提，且它们在一定条件下可以相互转化。撤销劳动合同所需的意思表示内容错误、恶意欺诈和非法胁迫等条件，若事后继续强烈作用于劳动关系并危及其存续时，也可作为解除劳动合同的事由。如欲应聘为客车司机者隐瞒有工作时间酗酒习惯的事实，该习惯事后严重影响其司机工作，则作为可撤销和解除的前提条件都未为不可。①

（二）对劳动合同可撤销与劳动合同解除关系的不同观点

1. 劳动合同可撤销与解除并存理论

对于一个可撤销劳动合同，在撤销权人未行使撤销权之前，出现了如下情形：一方面合同当事人享有撤销权，另一方面当事人又因为劳动合同法及实施条例的规定享有了合同解除权，也就是说，出现了撤销权与解除权并存的局面。从便利权利人行使权利，更有效地保障其合法权益的角度出发，在合同当事人一方既知其享有合同解除权也知其享有合同撤销权的情况下，权利人究竟应该行使撤销权，还是行使解除权，应由权利人自己自由选择，允许权利人选择行使解除权，并且，其行使解除权显然更符合上述宗旨。而若权利人选择行使解除权，则其所解除之合同客观上讲本身是一个可撤销的合同。② 如果撤销权人行使了撤销权，则劳动合同依撤销而无效，这时不会存在与解除权并存的

① 李光：《浅析德国法中撤销与非常解除劳动关系的区别》[EB/OL]，http://www.civillaw.com.cn/article/default.asp? id=16212，2008.9.3。
② 周帮扬：《浅析可撤销合同能否作为合同解除之对象》，《武汉船舶职业技术学院学报》2005年第2期。

局面。

2. 劳动合同可撤销与解除排斥理论

有学者认为，二者在目的、适用、成因和法律后果上都迥然有异，不可混为一谈。撤销的目的在于终止自始有缺陷的法律关系，而解除则旨在终止有效成立但事后变得病态和无意义的法律关系，因此关于解除的有关规定无须在撤销过程中适用；撤销以意思表示内容错误、因恶意欺诈和非法胁迫而为意思表示为前提，而非常解除却以抽象的重要事由为条件；撤销的法律后果原则上溯及既往，但在劳动关系中基于保护雇员的宗旨，故以"事实劳动关系"为主流，而解除的法律后果则指向将来。[①]

（三）劳动合同解除制度不能取代可撤销制度

作为劳动合同可撤销事由的意思表示有瑕疵表明劳动合同的成立与生效欠缺实质要件，跟合同生效后履约过程中出现问题而解除不属于同一范畴。尽管二者之间的关联如此错综复杂，但作为本质不同的私法自治的法律机制，故可撤销并不能为解除所必然排斥掉，严格区分二者则凸显重要。

首先，二者的目的和具体适用有本质上的差异。虽然解除与撤销均在使法律行为溯及失其效力，但解除系使契约之效力消灭，而撤销则使意思表示失其效力。撤销意在使撤销权人从建立在有缺陷的意思表示基础上的法律关系中解脱出来，从而保证缔约自由这一私法自治的核心原则。而解除劳动合同却由合同履行

---

① 李光：《浅析德国法中撤销与非常解除劳动关系的区别》［EB/OL］，http：//www. civillaw. com. cn/article/default. asp? id＝16212，2008. 9. 3。

受到强烈干扰并严重危及法律关系的存续所引发，其目的在于终止双方间事后已演变得病态和毫无意义的法律关系。基于上述二者截然不同的目的，在适用二者时也有天壤之别。在劳动合同被雇主有效撤销时，雇员不能享有一般的解雇保护规定，因为解雇保护旨在保护建立在双方真实、一致的意思表示基础上的劳动关系，而非自始有缺陷的、可撤销的劳动关系。被撤销的劳动关系也无需如被解除的劳动关系那样必须经过企业委员会的听证和同意，而劳动关系的解除涉及合法有效劳动关系的终止，危及被解雇雇员的社会生存，故其须经企业委员会听证和同意则具有社会合理性。① 虽然撤销权人可以自由决定是否撤销有缺陷的劳动关系，但如其事后经过一段时间后知悉可撤销的理由，但在其宣布撤销时该理由已不再继续作用于劳动关系，或者如果劳动关系已毫无问题地维续了多年，则撤销权人丧失撤销的权利。

其次，二者的成因不尽相同。解除权发生之原因系契约成立以后新发生之事实，而撤销权发生之原因则为错误、诈欺、胁迫等意思表示瑕疵，于意思表示成立时即已存在。且解除权之发生原因可由当事人约定，撤销权之发生原因唯有依法律所定。② 只有在出现继续劳务关系至解约期限终了或至协议终止劳务关系已成为不可期的事实时，劳动关系才能被解除。与之相反，构成撤销劳动关系的条件则相对客观，即意思表示内容错误、恶意欺诈或非法胁迫，其违法性是显然的，所以该法律漏洞应通过目的性

---

① 李光：《浅析德国法中撤销与非常解除劳动关系的区别》［EB/OL］，http：//www.civillaw.com.cn/article/default.asp? id=16212，2008.9.3。

② 孙森焱：《民法债编总论》，法律出版社 2006 年版，第 616 页。

归结予以弥补。

最后，二者所指引的方向截然相反。撤销的后果是劳动者已经付出劳动的，用人单位应当根据同工同酬的原则支付报酬，而单方解除合同的一方须遵守预告期的规定，并应当赔偿给对方造成的损失。原则上被撤销的法律行为自始无效，即撤销的法律后果溯及既往，撤销相对人不仅需按不当得利的规定清还所得，如因错误所生之撤销，其通常还需承担撤销人基于对其意思表示的信任而生的损害赔偿；如因恶意欺诈和非法胁迫所生之撤销，撤销相对人需承担因此所生之损害赔偿责任。如视已履行但被撤销之劳动合同自始无效，则必将导致劳资双方应按不当得利之规定清算债权债务，即雇员仅可按其所提供之劳务保有已被支付的劳动报酬，但却丧失了建立在有效劳动关系基础上的其他请求权，如带薪休假、医疗期的工资等，这样势必与劳动法保护雇员利益的宗旨背道而驰。与撤销相反，解除劳动合同的法律后果非为溯及既往而期指向将来，重要事由的出现使劳动关系无法继续，归于终止。

（四）劳动合同撤销权与解除权并存的设想

这样我们再重新梳理一下《劳动合同法》及《实施条例》中对于"用人单位以欺诈、胁迫的手段或者乘人之危，使劳动者在违背真实意思的情况下订立或者变更劳动合同的"赋予劳动者以劳动合同解除权的规定。若按照劳动合同法将其作为劳动合同无效的事由，就会出现解除一个已归于无效的劳动合同的悖论，若将其依笔者之意作为劳动合同可撤销事由，则能实现劳动合同基本理论与劳动合同实践的有效融合。虽然二者有严格区分，但二者有并存的可能。如劳动合同订立时存在着双方当事人的意思表示瑕疵，而当事人并不知或者即便知道也仍愿意继续维持劳动合同关系，在撤销权未消灭的同时，发生了法定或约定的解除事由，此时二者同时存在于劳动合同中，对于是撤销还是解除劳动合同，当事人可根据不同的法律后果进行最有利于自身利益的选择。

三　劳动合同可撤销与无效的竞合

1911 年，德国法学家基普发表《论法律中的双重效力》一文，提出著名的双重法律效果理论，认为基于一个特定原因事实所生的法律效果，并不妨碍基于另一个原因事实所生的效果。假设甲受乙恶意欺诈移转某物所有权，甲于行为时恰无行为能力，此时无效和可撤销是可以竞合的。[①]

针对该竞合问题，有三种主张[②]：一是认为针对法定的当然无效之行为，债权人只需主张无效而不能行使撤销权，史尚宽先生为其代表；二是提出"法律上双重效果"理论的基普认为，法律效果属于规范世界，旨在合理规范社会共同生活，不能以物质世界的观点视之。在规范世界里，法律为达到其妥适的规范目的，对于先后发生的不同社会生活事实赋予同一的法律效果，实不足奇。当事人之间恶意通谋，损害债权人的利益，债权人既可主张无效，也可行使撤销权；三是认为针对无效与可撤销，法律上不允许对无效行为的撤销，但在事实上并不排除当事人以何种诉由向法院起诉的选择余地。当事人对二者的选择实际上只是一

---

① 龙卫球：《民法总论》，中国法制出版社 2002 年版，第 523 页。

② 吴斌：《无效合同制度与可撤销合同制度之竞合》，《四川理工学院学报》（社科版）2004 年第 4 期。

个举证和诉讼请求选择的问题。① 实际上，由于一切法律现象的特点，都是从假设的判断（某项法律规则内含的判断），到非假设的判断（事实发生使某项规则包含的判断得到实现），人们既能援引无效原因，也能援引撤销原因，达到无效的后果（即非假设的判断）。换言之，几种原因同时能达到同一结果，或同样一事实能被列入不同性质的分类。因此，无效法律行为是可以撤销的。例如法律行为无效不能证明或证明有困难时，如果撤销的原因可以证明，就可主张撤销②。

在劳动合同法中，如果用人单位以胁迫手段要求劳动者与其签订低于劳动基准内容的劳动合同，从而使双方当事人在利益上显失公平。那么，这里就既有无效的原因，也有可撤销的原因。当二者竞合时，从有利原则出发，以能够容易证明的原因主张无效或可撤销。虽然劳动合同被宣告无效与被撤销，就其不发生法律上之效果而言并无不同，但是对于保护劳动者权益有着重大的差异。首先，劳动者获得救济方式不同。劳动合同无效的确认申请权并不仅仅掌握在劳动者手中，劳动者对劳动合同无效的确认多处于被动地位，而且劳动合同一经被确认无效，订立合同的目的与期待利益就无从实现。而对劳动合同的可撤销，劳动者既可主张撤销合同，也可主张不撤销合同。主张撤销合同的使合同归于无效，债务人承担的责任形式与无效合同基本相同，不撤销合同的，可以和用人单位继续履行劳动合同，从而实现自己的合同目的，获得期待利益。同时无效

---

① 王利明：《合同法研究》，中国人民大学出版社 2002 年版，第 670 页。
② 龙卫球：《民法总论》，中国法制出版社 2002 年版，第 524 页。

劳动合同不因时间流逝而变化，而可撤销劳动合同会随时间流逝变成不可能，即主张合同无效的权利是永远存在的，而撤销权的行使是有法定期限的，超过该期限，撤销权消灭，劳动合同继续有效。因此，劳动者可以从举证的难易、利益的判断等角度进行选择。

第五章　劳动合同效力的延伸思考及体系完善

　　劳动合同效力的研究并不仅仅局限于以上论述中涉及的几种效力类型，我们应充分呈现开放型思维方式，进一步延伸劳动合同效力限制、补正及扩张的空间，拓宽劳动合同效力模式，建立劳动合同效力多元化体系。

第一节　劳动合同效力的限制

一　附期限、附条件劳动合同的效力

　　依私法自治原则，当事人可以考虑到不确定因素从而做出附加条件或期限的安排，决定效力的发生和存续。法律行为的效力最终取决于条件成就与否或期限届至；效力未定期间，当事人享有期待利益。附条件或附期限法律行为是由当事人对法律行为效力添加限制条款，其附加之限制，并非一种独立的意思表示，而是加入意思表示的个别事实，是意思表示内容的一部分，它们同时存在。

（一）附期限劳动合同的效力——附生效期限的合同，自期限届至时生效

附期限的法律行为是以将来确定的事实的到来为附款，决定法律行为效力发生或消灭的法律行为。[①] 我国民法通则意见第76条解释："附期限的民事法律行为，在所附期限到来时生效或者解除。"劳动合同附期限的情况很普遍，因为缔结劳动合同与正式"上班"之间往往有一定的时间差距，此时劳动合同需待所附期限届至时方生效。然而在此期限内，双方互负合同履行的准备义务，劳动者应保持其劳动力处于可准时开始工作的状态，用人单位应保持在劳动者准时工作时，提供其工作并受领其劳务的状态。同时缔约双方还互负说明义务和保护义务。若在所附期限内发生变故，如用人单位在缔约后期限届至前倒闭或发现劳动者的工作能力资格不实，则可以直接使劳动合同不发生效力。

（二）附条件劳动合同的效力——附生效条件的合同，自条件成就时生效

附条件法律行为指当事人以将来客观上不确定事实的发生或不发生作为附款，决定其法律行为效力发生或终止的法律行为。所附条件应指将来不确定的事实而言。所以，附条件是当事人用以考虑未来之不确定事件的法律行为上的手段。[②] 劳动合同可否附条件并无明文规定，从契约自由的一般原则出发应当被准许。《劳动合同法》（草案）中曾规定，用人单位和劳动者对劳动合同的生效约定条件的，自条件成就时生效。虽然《劳动合同法》对

---

① 龙卫球：《民法总论》，中国法制出版社2002年版，第536页。
② ［德］迪特尔·梅迪库斯：《德国民法总论》，邵建东译，法律出版社2000年版，第623—627页。

此并未提及，但附条件劳动合同现实存在，如尚未开张就开始招募员工，待开张这一条件成就时，劳动合同生效。由于劳动者提供劳动有高度的人格专属性，某条件的成就往往需要一定期限的经过，在所附条件未确定成就与否前，法律行为效力未定。如果条件成就与否的事由发生在劳动者一方，则对用人单位比较有利。在所附条件未确定成就与否前，法律行为效力未定。

二　代理签订劳动合同的效力

代理签订劳动合同即劳动契约代理。劳动契约代理一词是由黄越钦先生较早提出来的。在他的《劳动法新论》一书中，行文至劳动契约的效力限制部分时，将代理作为劳动契约效力限制的一种情形，但较为遗憾的是，其所表述的内容过于简略①。他首先肯定了劳动契约代理的存在，指明劳动契约代理的有效要件是代理人有充分的代理权，同时将因代理所生的劳动合同定性为效力未定——若有权人承认即生效，有权人拒绝承认则无效。通过对他所阐述内容的梳理，我们发现，简略同样能彰显厚重的理论，更值得欣慰的是他为我们提供了一个研究劳动合同的新角度，也为我们留下了更大的研究空间。

《劳动合同法》第 16 条第 1 款规定："劳动合同由用人单位与劳动者协商一致，并经用人单位与劳动者在劳动合同文本上签

---

①　劳动契约非由本人自行签订而由代理人签订之情形亦甚普遍。此时代理人必须有充分代理权，契约方为有效。表见代理之情形并无损于契约之成立，又未经授予代理权而成立之契约，亦须经有权人承认而生效。在确定拒绝承认前，为效力未定。雇佣人在效力未定间承受因契约所生之利益者，视为承认契约。代理人未表明其为他人订约者，其契约之效力只对代理人发生。

字或者盖章生效。"本条款的"劳动者"包含了两种意义，一个是"劳动者一方"，另一个是"劳动者本人"。通过对《劳动合同法》全文的研究可以发现，第40条、第84条共使用了三次"劳动者本人"，而其他各处均使用"劳动者"一词。因此，我们可以认为立法者在单独使用"劳动者"一词时，其规定意向应是指"劳动者一方"，包括劳动者的委托代理人。[①] 劳动者本人委托他人代签系劳动者真实意思的反映，并不违反法律法规的规定，应该是有效的。从法律解释的角度，劳动合同法并未禁止代签劳动合同，对于得到劳动者委托授权并在授权范围内代签的劳动合同，应当承认其效力。

现实生活中劳动合同不由本人签订而由代理人签订的情况很普遍，究其原因，一是年龄因素，未成年工不具有判断劳动合同的能力，需要劳动契约代理存在。二是经验因素，劳动者对自己的法律维权意识不自信，而且对劳动基准并不了解，即便了解，在用人单位的强势下也可能会接受一些不合本意的条件，因此需要劳动契约代理。此时代理人必须有充分的代理权，所签劳动合同方为有效。未经授予代理权而代签的合同，须经权利人承认而生效，在确定拒绝承认前为效力未定，劳动者在效力未定期间承受因合同所生利益的，视为承认合同，其承受利益之推定时间为劳动合同生效时间。

（一）劳动契约代理类型

1. 劳动者的代表——工会代理签订的合同

市场经济的发展使劳动关系发生了重大的变化，工会的地位

---

① 潘峰：《代签劳动合同效力问题探析》，《中国人力资源开发》2007年第11期。

和作用也随之一变。这种变化主要表现为工会组织由脱离劳动关系而存在转变为进入劳动关系并成为劳动关系的有机的组成部分，并以劳动者代表的身份在协调、规范和稳定劳动关系中发挥作用。[①] 工会不再是传统意义上的社会政治组织，而是真正意义上劳动者权益的代表者。工会代理劳动者签订的劳动合同主要有：工会作为集体劳权的代表签订集体合同；依劳动者的授权，代理签订个体劳动合同。

2. 劳动者的法定监护人代理签订的合同

我国《劳动法》第15条规定："禁止用人单位招用未满十六周岁的未成年人。文艺、体育和特种工艺单位招用未满十六周岁的未成年人，必须依照国家有关规定，履行审批手续，并保障其接受义务教育的权利"。

（1）未成年工

未成年工属于达到法定最低就业年龄而未满十八周岁的劳动者。民法通则规定，年满十六周岁不满十八周岁，以自己的劳动收入为主要生活来源的自然人为完全民事行为能力人，这里的劳动收入就需要已满十六周岁不满十八周岁的未成年人进入到劳动关系中来，进入劳动关系的途径之一就是签订劳动合同，而此时未成年人虽已达到就业年龄但尚是限制行为能力人，由于年龄较小，在智力水平、识别能力、谈判能力、自身控制能力等方面较弱，对劳动关系内容的判断特别是对劳动报酬、劳动条件、劳动保护等事关劳动者最切身利益的内容的判断很难作出客观的评价。未成年工属于劳动法中的特殊保护群

① 常凯主编：《劳动关系·劳动者·劳权》，中国劳动出版社1995年版，第470页。

体，因此他们签订劳动合同可遵循以下两种模式：第一种模式：由未成年工自己签订合同，但必须得到其法定监护人的同意，在得到法定监护人的同意之前属于效力待定的劳动合同。第二种模式：由未成年工的法定监护人代理签订劳动合同，该劳动合同自签订之日起生效。

（2）未满十六周岁的未成年人

2002 年 10 月 1 日国务院颁行的《禁止使用童工规定》第 13 条规定，文艺、体育单位经未成年人的父母或者其他监护人同意，可以招用不满 16 周岁的专业文艺工作者、运动员。在此，"同意"的意思表示在劳动合同中应以签字盖章的形式表现出来，这与未成年工自签合同，须得到其法定代理人同意的性质不同，前者的同意直接表明合同的有效成立，未成年人的监护人取得的是合同的签订权，而后者则是对效力待定合同的追认，未成年工的监护人取得的是合同的追认权。当然，这对未满十六周岁的未成年人的监护人的监护职责要求较高，他必须是该未成年人利益的最佳代表者和最佳判断者，如果在履行此监护职责过程中有谋私利，损害未成年人利益的行为，可以通过民事程序更换监护人。《越南劳动合同法》第 12 条规定："十五岁以上的劳动者有权签订劳动合同。十五岁以下者也可签订劳动合同，从事法律允许的工作，但必须征得父母或合法代理人的同意。"

3. 劳动者的其他关系人代签的劳动合同

我国当前实施全员劳动合同制过程中，一些用人单位为了赶进度，擅自代替劳动者本人在劳动合同文本上签字，人为地造成大量无效劳动合同存在，为劳动关系和谐及稳定发展埋下了隐患，这种单纯赶进度而忽视合同有效性行为，常导致劳动争议的发生。为解决这一问题，可将劳动者的其他关系人代签的劳动合同定性为效力待定劳动合同，如果劳动者在事后对代签的劳动合同予以追认，则该合同自签订之日起就生效，若不追认或拒绝追认，则劳动合同不生效力，因此给劳动者造成损失的，用人单位应予以赔偿。在实践中，用人单位如果在续签劳动合同时，事先未与劳动者协商，事后亦未求得其同意，单方签字盖章后由第三人代签，劳动者则一直处于善意不知晓状态，这明显剥夺了劳动者的劳动合同自由权，违反意思自治原则。①

4. 用人单位的职能部门与劳动者订立的合同

《实施条例》第 4 条规定："劳动合同法规定的用人单位设立的分支机构，依法取得营业执照或者登记证书的，可以作为用人单位与劳动者订立劳动合同；未依法取得营业执照或者登记证书的，受用人单位委托可以与劳动者订立劳动合同。"对于用人单位的职能部门，可以由用人单位授予其与劳动者订立劳动合同的权利，经过授权的用人单位的职能部门的行为就可以视为用人单位的行为，由此产生的法律后果由用人单位承担责任。对于没有经过授权的用人单位的职能部门与劳动者签订劳动合同后，应当及时请用人单位追认用人单位的职能部门的权利，用人单位没有追认或拒绝追认其职能部门的权利的，在劳动者与用人单位之间实际上就形成了事实劳动关系。对事实劳动关系，按照有关法律法规的要求，用人单位应当及时修改、补正。在这里还应强调的是用人单位的责任，用人单位如果没有及时补正，应由用人单位承担相应的法律责任，如果由此给劳动者带来损害的，用人单位

---

① 张渊：《劳动合同无效制度研究》，《法学》2003 年第 2 期。

应当进行赔偿。①

（二）因代理所生劳动合同的效力

1. 工会依劳动者申请代理签订的劳动合同须经劳动者承认，工会签订的集体合同是劳动者个体劳动合同的依据。工会代理签订的劳动合同须经劳动者签字盖章方能生效，这样既保障了劳动者利益，也能避免劳动者对工会代理行为的质疑。

2. 未成年工自己签订的合同在得到法定监护人同意之前属效力待定劳动合同。未成年工的法定监护人有是否追认的权利，用人单位也有一定期限的催告权。期限届至，法定监护人未追认的，视为拒绝追认。

3. 未成年工的法定监护人代理签订的不损害未成年工利益的劳动合同有效。这一劳动合同无需再经未成年工的认可，因为未成年工的法定监护人的判断对未成年工多是有利的，如果发现法定监护人借签订劳动合同之由侵犯未成年工利益的，人民法院可以根据有关人员或单位的申请，经查明事实撤销监护人的监护资格。

4. 劳动者书面授权其他关系人代理签订的劳动合同有效。原则上，劳动合同须经员工本人、用人单位法定代表人（或主要负责人）签字，并加盖用人单位公章后方能生效。但是，员工、法定代表人（或主要负责人）有正当理由确实不能亲自签字的，可书面授权他人代签。授权委托书由法定代表人（或主要负责人）、员工签署，并规定明确的授权范围、代理权限和有效期限。授权委托书应一式三份，分别由委托人、受委托人和劳动行政部门劳动合同管理机构保管并存档。未经书面授权、私自以员工或

---

① 于新华、杜波：《试论无效劳动合同》，《中国农业大学学报》2002年第3期。

用人单位法定代表人（或主要负责人）名义签订的劳动合同以劳动者的最终选择为准，用人单位并可对本单位的私自代签人依据本单位依法制定的有关规定予以处理。

5. 表见代理在劳动契约代理中不发生效力。所谓表见代理，指本属于无权代理，但因被代理人本人与无权代理人之间的关系，具有授予代理权的外观即所谓外表授权，致相对人信其有代理权而与其为法律行为，法律使之发生与有权代理同样的法律效果。[1] 民法中的表见代理制度旨在保护交易安全。但此制度在劳动契约代理中并无适用的可能。原因在于：劳动者进入劳动关系的意思表示尤为重要，劳动者在劳动关系中的人身从属性和经济从属性决定劳动者自己是否进入劳动关系的最佳利益判断者。如果引入表见代理制度，无权代理人的意思表示就取代了劳动者的真实意思，对相对人而言，只要有理由相信无权代理人有被授权的外表或假象，此法律后果就由被代理人即劳动者承担，不履行劳动合同就要承担违约责任，这将大大损害劳动者利益，甚至于会导致恶意代理情况的发生。所以在劳动契约代理中绝不能引入表见代理制度。

第二节 劳动合同效力的补正

一 通过劳动合同部分条款无效确认的补正

《劳动合同法》第 27 条规定："劳动合同部分无效，不影响

---

[1] 梁慧星：《民法总论》，法律出版社 1996 年版，第 230 页。

其他部分效力的，其他部分仍然有效。"然而，由于劳动合同法并未明确劳动合同全部无效的条件，所以极有可能导致在司法实践中认定劳动合同全部无效的随意发生，如免除了用人单位部分责任、限制了劳动者部分权利等，都可能被认定为整个劳动合同无效。

劳动合同条款作为劳动者与用人单位合意的对象和结果，将劳动关系当事人双方的权利义务具体化。某一条款效力对整个劳动合同效力是否产生影响，要从这样的角度来理解：该条款在不影响当事人通过意思表示将若干条款联结为一个整体的基础上，要判断其是否具有可分性，可将无效部分分离出来，是否还能使一项可以想象为有效的合同继续存在并且不与当事人的愿望相违背。如果当事人在订立合同时就为所涉无效条款作了利益衡量的安排，那么法官就不能径行做出不符合当事人意思的认定。①

（一）核心条款无效——劳动合同无效

导致劳动合同全部无效的原因必须是全部条款无效或部分关键性条款无效影响其他条款的效力。实践中劳动合同全部条款都无效的情况较少，导致劳动合同全部无效的往往是由关键条款的无效造成的，具有这种连锁效应的条款主要是工作内容条款。② 如果工作内容属法律禁止的行业或生产领域，这一条款将会因直接违反法律的强行性规定而导致劳动合同整体无效。

---

① 李仁玉等：《合同效力研究》，北京大学出版社 2006 年版，第 249 页。
② 冯彦君：《劳动法学》，吉林大学出版社 1999 年版，第 128 页。

（二）非核心条款无效——不溯及有效条款

"一个行为由数个条款构成而彼此独立的，则某条款的失效不影响其他条款的效力"，这是罗马法以来普遍采用的原则。德国民法典规定，法律行为的部分无效可导致行为全部无效，但除去此无效部分法律行为仍可成立的不在此限；英美合同法认为，合同中的合法允诺如果可以与非法部分相分离，则该合法部分仍然有效。我国《民法通则》第 60 条规定："民事行为部分无效，不影响其他部分效力的，其他部分仍然有效。"《劳动合同法》第 27 条就适用了此原则，"劳动合同部分无效，不影响其他部分效力的，其他部分仍然有效"。换言之，部分无效的劳动合同内容是独立于其他内容的，不影响其他部分的效力。

某些法定可备条款非常重要而不应被忽视，但又不宜作为法定必备条款，因此可以由当事人在劳动合同中作出专项约定，如关于试用期条款、保密条款和禁止同业竞争条款等。此外类似雇主免责条款、劳动合同担保条款、限制工资权条款、歧视条款等违背劳动者意愿的条款无效均不影响劳动合同其他有效条款的效力。

二　通过劳动合同条款解释的补正

合同解释是当合同条款不清楚时，法院可以远离最初的协议来确定当事人双方共同的真意。[①] 合同解释包括对意思含糊不清、模棱两可或相互矛盾的语言文字含义的解释；对在合同语言文字表达的含义与当事人内心真意相异或相悖场合当事人内心真意的解释；对因欠缺某些条款使当事人权利义务不明确时漏订合同条

---

① 崔建远主编：《合同法》，法律出版社 2003 年版，第 296 页。

款的解释。由此可见，合同解释不仅仅针对"合同条文或所用文句的正确含义"，而"是全面考虑与交易有关的环境因素，包括书面文据、口头陈述、双方表现其意思的行为，以及双方缔约前的谈判活动和交易过程、履行过程或者惯例。""不仅仅合同中的用语需要解释，订立合同的过程中所使用的用语和实施的行为，要约、承诺、自身不会生效的初步联系中所使用的用语和实施的行为——所有这些，在我们能够说双方当事人已经达成了协议之前，在我们能够确定它是否赋予合同以法律效力之前，都需要解释。"①

在合同条款含义不明或有缺漏的场合，得适用下列规则：一法律行为可作数种不同的解释时，应解释作可以发生效力的行为；对文字的解释，应采用最符合合同目的的意思；文字有歧义时，依行业习惯或者合同订立地的习惯解释之；依交易习惯应有的条款，如合同未规定，可于解释时补充之；个别条款可以由其他条款乃至合同的整体获得解释；发生异议时，可以通过缔约过程和履约过程的相似事实以及交易惯例确定之。② 基于劳动者缔约时的不利地位，一些国外学者提出："当合同意思仍然不清时，对合同条款的解释必须有利于承担义务一方，也就是有利于雇员。"③ 若劳动合同文本由用人单位提供或仅由用人单位持有，用人单位和劳动者对劳动合同的内容理解不一致发生争议的，应当按照通常理解予以解释，有两种以上解释的，应当作出最有利于劳动者的解释。

---

①　崔建远主编：《合同法》，法律出版社 2003 年版，第 299 页。

②　王卫国：《论合同无效制度》，《法学研究》1995 年第 3 期。

③　[加] A. E. 奥斯特、L. 夏莱特：《雇佣合同》，中国对外翻译出版公司 1995 年版，第 138 页。

三　通过劳动合同条款追认、修正的补正

合同效力的补正是指在某种情况下，影响合同效力的情形可以被除去时，可认定合同有效。关于补正的性质，学理上认为属于旧行为的消灭和新行为的成立，原则上补正后的行为无溯及力，但如果双方确认对先前的行为有溯及力亦可。对于订立时存在瑕疵或欠缺有效要素的合同，当事人不妨以事后行为加以补正。

（一）追认

追认即采用后来行为认可可予以撤销的合同，当然，一经有撤销权的人确认后，不得再行撤销；法定追认是指依据某种法定的行为或事实，可确定追认之存在。日本民法典第 125 条规定，有下列事实之一者，视为追认：1. 部分或全部履行；2. 请求履行；3. 更改；4. 提供抵押；5. 部分或全部出让由行为所取得之权利；6. 强制执行。除此之外，放弃撤销权的表示，也含有追认的意思。虽然各国对此种补正方法称谓不同，[①] 但具有共同的目的，均欲使不完全有效的行为产生

---

①　对无效法律行为，德国法规定了确认制度，即某人使某项自己从事的起初不完全有效的行为产生效力的补正行为。《德国民法典》第 141 条规定，无效的法律行为经行为人确认者，其确认应视为重新实施的法律行为。确认并不直接使行为有效，因为待确认行为也必须符合一般的有效要件，例如，先前没有遵守的形式现在必须遵守；先前违反了法律禁令，现在必须加以消除；违反善良风俗的规定必须通过确认加以避免。参见［德］迪特尔·梅迪库斯《德国民法总论》，邵建东译，法律出版社2001 年版，第 405 页；法国合同理论认为绝对无效合同因为违反社会公益，一般不可补正，而相对无效合同从保护当事人利益出发可以补正。补正方式为承认，即当事人可以放弃其主张合同无效的权利，而使无效合同变为有效。承认需要符合以下条件：承认须基于对合同行为瑕疵即无效原因的认识作出；当事人须有治愈瑕疵即放弃主张无效的权利的意思；承认须能使瑕疵得以排除，且承认行为本身须无瑕疵。但是对相对无效合同的承认并不绝对，如果当事人订立合同时即在合同中设定了关于放弃主张该合同无效的权利条款，则此类预先承认为法律所禁止。

效力。劳动合同中的可撤销事由可以因下列情形而获补正：对于可予撤销的行为放弃争诉权；因放任法定时限经过而丧失争诉权。

（二）修正

劳动合同效力也可通过修正进行补正，即对并非真正无效而只是有待获得效力的不完备合同加以完善，具体而言是指双方当事人以协议或分别的意思表示对合同的缺陷进行修正，除去或修改瑕疵条款，补充欠缺的必要条款，使之臻于合法有效。允许当事人对劳动合同条款予以修正，包括当事人资质、劳动合同瑕疵或因某种情势变更而进行的补正，以维持劳动合同效力，充分体现了劳动关系安定性的需要。而且此种修正与合同的变更有本质区别。前者是指对原始无效合同的更正或补充，修正前的合同因不具有法律效力而具有不可执行性；后者则是变更合同内容，亦即对合同条款进行补充，使之更加精确，变更前的原始合同本身具有法律效力。

无效合同的修正属于以变更内容维持法律行为效力的事例。[①]"一个行为无效而具备其他行为的要件时，如其他行为合于当事人的意思的，则其他行为有效"，[②] 这是罗马法确立的一项规则，此后德国民法、中国台湾地区民法、英美合同法在理论或立法上都或多或少予以了继受。[③] 民事行为无效"系对建设性

---

① 李仁玉等：《合同效力研究》，北京大学出版社 2006 年版，第 251 页。

② 周枏：《罗马法提要》，法律出版社 1988 年版，第 114 页。

③ 《德国民法典》第 140 条规定：无效的法律行为若具备另一法律行为的要件，并可认定当事人如知其为无效即有意为此另一法律行为者，则此另一法律行为有效。中国台湾地区民法第 112 条规定：无效之法律行为，若具备其他法律行为之要件，并因其情形，可认当事人若知其无效，即欲为其他法律行为者，其他法律行为仍为有效。英美合同法规定：在双方当事人的交易事实上已达成相互一致的协议，但在法律上无效的情况下，以及在因为欠缺相互同意的表示而无合同存在的情况下，当事人仍不妨另以本身在法律上有效的行为从事该项交易。

行为之否定，在社会生活演进中，应非所乐见，民法总则在未来之设计上，将尽可能提供复活之途径，为必然之趋势"。① 由以上资料可以看出，各种理论对无效法律行为的认定都极为谨慎，而且在寻求多种理论途径来解决无效法律行为的效力修正。在劳动合同中判断修正的可能与否取决于能否发生一定的正当法律事实，包括当事人取得合同所要求的法定资格、修正违法条款、修正无权代签劳动合同行为等，这些足以消除劳动合同中的瑕疵，进而确立具有法律约束力的劳动合同关系。

当然，这种修正并不是绝对的，对于违反善良风俗而无效的法律行为，基于惩罚性倾向，原则上应不允许修正。所以对目的或内容不合法的合同不适用效力修正。只有相对无效劳动合同才有修正的可能。相对无效合同乃违反以保护个人利益为目的的法律规范，国家干预意图是将如受合同责任约束将可能遭致不公平后果者，从合同约束中解放出来，以维护其利益。然而何者才有资格作出此种利益与不利益的判断？康德说"当某人就他人的事情作出决定时，可能存在某种不正。但当他就自己的事务作出决定时，则绝不会存在任何不公正。"② 虽然这并不意味着我们认为一个人永远是其自身利益的最佳判断者，但是我们永远不可能确知谁比行动者本人能更好地知道他的利益。因此合同当事人事后对合同补正，自愿抛弃法律给予其的保护，表明其对该合同的结果有强烈需求。换言之，当事人基于自身各种利害关系考虑出发，认为合同履行所带来利益必定大于合同瑕疵对其利益的伤

---

① 曾世雄：《民法总则之现在与未来》，中国政法大学出版社 2001 年版，第 255 页。
② 转引自尹田《法国现代合同法》，法律出版社 1995 年版，第 20 页。

害，在该合同不违反社会公共利益情形下，准许该方当事人对其补正，实际上是将合同效力的自由决定权完全交给受法律保护的一方当事人。因此，正如法谚云"对心甘情愿者不存在不公正"，给予相对无效合同当事人补正机会，实则要比现行法规定的"一刀切"的绝对无效的做法更符合保护特定当事人利益的法律规范目的。

第三节　劳动合同效力的扩张

合同效力扩张，蕴涵着合同法传统理论基础已由合同自由原则向诚实信用原则转移，由于经济生活的复杂性、牵连性、整体性，使得合同相对性原则得以突破，劳动合同也不例外。《劳动合同法》第91条规定："用人单位招用与其他用人单位尚未解除或者终止劳动合同的劳动者，给其他用人单位造成损失的，应当承担连带赔偿责任"，此条款就体现了劳动合同效力扩张的一个方面。劳动合同效力的扩张绝不仅限于此，根据蓝承烈教授对合同效力的扩张划分为效力范围的扩张和效力内容的扩张两方面的研究[1]，笔者拟从这两方面入手对劳动合同效力的扩张进行分析。

合同效力范围是指合同能够在哪些范围的主体之间产生拘束力。传统合同法理论奉行"合同相对性"规则，即合同主体、内容、责任均具有相对性。劳动合同效力的扩张是指劳动合同突破合同相对性，对当事人以外的第三人同样具有约束力。

---

[1]　蓝承烈：《论合同效力的扩张》，《学术交流》2000年第11期。

一　劳动合同效力范围的扩张

（一）劳动合同保全制度的确立

在传统合同法上，对于债权的保障有两种制度：一是在合同关系成立时，当事人设定某种担保，此可谓债权的积极保障；二是在债务人不履行债务时，债权人可诉请法院强制执行或令债务人采取其他补救措施，此谓债权的消极保障。为了弥补强制执行的不足，在上述两种保障方法之外，又设立了债权保全制度即债权人的代位权和撤销权。债权的保全使债权人直接干涉了债务人与第三人的法律关系，从而使合同的效力涉及第三人，其效力范围明显得到了扩张。[①]

在劳动合同中，法律禁止用人单位要求劳动者提供担保的行为，劳动者更不可能要求用人单位提供担保，所以债权的积极保障无法体现。因为劳动者人身的不能强制执行，用人单位对劳动者的权利的消极保障也无法实现，但是劳动者却可诉请法院强制执行用人单位所欠的劳动报酬。然而由于强制执行制度本身的缺陷，劳动者的利益并不能完全实现。[②] 因此当用人单位的某些作为或不作为侵害劳动者的劳动合同利益时，劳动者可以依法申请撤销用人单位与第三人的法律行为或代位行使用人单位对第三人的权利。撤销权与代位权在一定程度上保护了劳动者的合同权益。当然仅凭劳动者自身行使此两项权利并非易事，特别是举证用人单位损害劳动者利益的行为更是难上加难，不过劳动者可以将此权利授权于工会，由工会集体行使相应权利。

---

①　蓝承烈：《论合同效力的扩张》，《学术交流》2000 年第 11 期。
②　依惯例，劳动报酬的给付多后于劳动的给付，因此用人单位的权力即使没有各项保障制度也并无损害，故劳动合同保全制度是针对劳动者利益维护而设立的。

1. 劳动合同保全中的撤销权

劳动合同保全中的撤销权是指当用人单位隐匿转移财产或低价转让甚至无偿赠与财产而损害到劳动者的工资利益时，劳动者可以请求法院撤销用人单位与第三人之间的上述行为，以保全劳动者全体的工资报酬权。这是针对用人单位的作为而言的。撤销权的规定表明债的关系以外的任何人都不得实施减损债务人的财产并害及债权的行为。

2. 劳动合同保全中的代位权

劳动合同保全中的代位权是指用人单位怠于行使自己的债权甚至放弃自己的债权损害到劳动者的工资报酬权时，劳动者可以代位行使用人单位对第三人的权利，从而保全劳动者全体的工资报酬权。这是针对用人单位的不作为而言的。代位权的规定使债权人对债务人的权利发生了对债务人以外的第三人的效力。

（二）对第三人不法侵害劳动合同的规制

从合同效力所具有的对抗力角度来看，依法成立的合同不仅对合同当事人具有拘束力，而且应当得到合同当事人之外的任何人的尊重。[1] 传统债法认为合同往往存在于特定当事人之间，不具有外在公示性，第三人无由知道特定人之间存在合同关系，为避免过于限制行为人的行为自由，遂不把合同债权列为侵权之客体，而并非债权不值得保护。[2] 债权不可侵性的实质是突破了合同相对性的原则，使债务人以外的第三人承担不得侵害债权的义务。在劳动合同领域，合同之外的其他人干扰、破坏劳动合同履

---

① 李仁玉等：《合同效力研究》，北京大学出版社 2006 年版，第 12 页。

② 曾世雄：《损害赔偿法原理》，中国政法大学出版社 2001 年版，第 47 页。

行的现象很多，主要表现是以不正当的手段将另一竞争对手的技术人才挖走导致竞争对手利益受损甚至于破产，或者招收录用没有解除、终止劳动合同关系的劳动者。为了维护人才的竞争秩序和正常的劳动秩序，允许劳动合同的效力适当地向外延伸，赋予劳动合同当事人直接追究第三人干扰、破坏劳动合同履行的法律责任实属必要。《劳动法》第 99 条是劳动合同具有一定对外效力的立法例证[①]："用人单位招用尚未解除劳动合同的劳动者，对原用人单位造成经济损失的，该用人单位应当依法承担连带赔偿责任。"《劳动合同法》第 91 条有类似的规定，这在理论上确证了劳动关系唯一性原理和劳动合同的对外效力理论；在实践上有助于保护用人单位的商业秘密和反对不正当的人才竞争。按照《违反〈劳动法〉有关劳动合同规定的赔偿办法》第 6 条的规定，用人单位连带赔偿的份额不低于对原用人单位造成经济损失总额的 70％。显然，当原用人单位向劳动者主张全部赔偿时，劳动者可以据此提出抗辩。用人单位对原用人单位承担责任的最低比例要求显然有利于责任的落实，但与连带责任的原理存在着矛盾。连带赔偿责任的范围包括：对生产、经营和工作造成的直接经济损失；因获取商业秘密给原用人单位造成的经济损失。[②]

二　劳动合同效力内容的扩张

合同效力内容，即当事人的权利义务，以当事人明确约定的为限。在当事人没有约定或约定不明时，也可依法律的任意性规

---

① 冯彦君：《劳动法学》，吉林大学出版社 1999 年版，第 130 页。
② 同上书，第 335 页。

定弥补当事人约定的不足或不明，合同的效力也以此内容为限度而发生。随着各国民法中诚实信用原则的确立及其在实务上的广泛适用，在判例和学说上相继提出了附随义务、先合同义务、后合同义务以及不真正义务等理论。使合同的效力从依附于既定的合同内容，扩张及于合同当事人之间事先不确定的权利义务的范围。[①] 在劳动合同中，"契约除主给付义务外，尚有另外一些附属给付义务，尤以劳动契约系继续性法律关系者为然，其内容有扩张之特色。"[②] 这一阐述表明劳动合同履行中的附随义务属于劳动合同内容扩张之一方面，除此以外，劳动合同内容的扩张还包括先合同义务及后合同义务等方面。

（一）劳动合同履行中的附随义务

附随义务是指当事人没有约定，法律也没有任意性规定[③]，但为维护对方当事人的利益，依诚信原则和社会的一般交易观念，当事人应负担辅助性义务，此种义务，并非自始确定，是随着合同关系的发展，于一定情况下要求当事人一方承担某种作为或不作为的义务。此种义务在任何合同关系中均可以发生，不受合同种类的限制。附随义务的存在，使合同效力的内容大为扩张。[④] 附随义务一般具有两种功能：一是可辅助实现债权的给付利益；二是保护对方当事人的人身或财产上的利益免受损害。劳

---

①　蓝承烈：《论合同效力的扩张》，《学术交流》2000年第11期。

②　黄越钦：《劳动法新论》，中国政法大学出版社2003年版，第96页。

③　在劳动合同法的条文中对附随义务的某些内容有明确规定。如第23条的保密义务。但是"劳动契约系典型继续性。故附属义务在契约有效间不断衍生。唯应以契约之本质为衡量附属义务有无之标准"。（黄越钦：《劳动法新论》，中国政法大学出版社2003年版，第173页）

④　蓝承烈：《论合同效力的扩张》，《学术交流》2000年第11期。

动合同当事人除应履行合同基本给付义务外，也要依诚实信用原则确立履行中的附随义务。

　　1. 用人单位的附随义务。一是告知义务。用人单位要及时公示内部劳动规则的制定、调整情况。内部劳动规则如果不及时告知劳动者则不能生效。用人单位要及时告知对劳动者工作安排的临时调整。二是保护义务。用人单位对劳动者提供保护是履行劳动合同的重要义务，其具体内容可概括为以下几个方面：首先是对劳动者生命健康的保护义务。劳动基准法已将用人单位对劳动者生命健康的大部分保护义务转化为公法上的义务，但法律无法穷尽所有的可能侵害劳动者生命健康权的类型，此时需要附随义务发挥保护功能。[①] 例如，在高度资讯化的社会中，劳动者之形态已有所改变，由于使用电脑终端机和电子设备，产生了安全卫生、长时间劳动等问题，如视力障碍、颈肩腕障碍、精神障碍、放射线疾病等给健康带来的多种妨碍。[②] 其次是对劳动者人格权的保护义务。劳动者的人格权除生命健康权外，还包括劳动者的人格尊严、隐私权等。特别是工作场所的性骚扰、侵犯隐私权等问题已经引起了人们的广泛重视。再次是对劳动者财产的保护义务。雇员通常不能对其带入企业的所有物品进行自我照看，只要是劳动服务或者是个人必需的物品，雇主就有合同上的照管义务。其中包括衣物、交通工具、劳动工具等，但通常不包括超出此范围之外的贵重物品。雇主应该为雇员提供可期待的安全装置，如带锁的柜子、有看守的停车场等。[③] 最后，为就业安定之

---

　　① 吴文芳、韦祎：《论劳动合同中的附随义务》，《法商研究》2006 年第 4 期。

　　② 黄越钦：《劳动法新论》，中国政法大学出版社 2003 年版，第 179 页。

　　③ ［德］W. 杜茨：《劳动法》，张国文译，法律出版社 2005 年版，第 73 页。

所需，为避免劳动者新旧工作衔接不上造成经济困难，对于劳动者在接到用人单位终止劳动合同的通知后，为另谋职业而需要在工作时间请假外出，用人单位应给予劳动者一定期限的觅职假。① 三是公法上的义务。雇主有向财税机关缴纳雇员所得税以及向社会保险机构缴纳社会保险费等公法上义务。

2. 劳动者的附随义务。一是注意义务。劳动者对于用人单位的机器、工具、技术装置、设施、交通工具以及供其工作所交付之材料等应妥善保管、正确使用，注意保护。二是保密义务。劳动者对在劳动关系存续期间用任何方法获悉的秘密，"劳动者有绝对守密义务，除为更高利益外，对雇主一切应守密者，均不得泄露。② 三是接受扩张工作的义务。在意外、歉收、经济不安定或为抢救灾变等紧急情况下，雇主可暂时扩张受雇人之工作，对此，劳动者不能拒绝其所能给付之劳动。

（二）先合同义务

先合同义务可追溯至罗马法的诚信契约及诉讼，1861 年德国法学家耶林的"缔约上过失"理论提出了当事人在合同订立阶段彼此应负有相互注意和照顾的义务。《劳动合同法》第 8 条、第 9 条的规定表明对劳动先合同义务持肯定态度，具体配置如下：

1. 用人单位的先合同义务。一是告知义务。用人单位招用劳动者时，应当如实告知劳动者工作内容、工作条件、工作地

---

① 用人单位的这一义务在黄越钦的《劳动法新论》（中国政法大学出版社 2003 年版，第 170 页）中是以劳动契约终止后对雇主的效力内容体现出来的。但笔者认为：此时尽管劳动者收到终止劳动契约的预告，但劳动合同尚未终止，故仍应属劳动合同履行中用人单位的附随义务。

② 黄越钦：《劳动法新论》，中国政法大学出版社 2003 年版，第 175 页。

点、职业危害、安全生产状况、劳动报酬，以及劳动者要求了解的其他情况。二是保护义务。订立劳动合同，用人单位不得以任何形式向劳动者牟取不正当利益，不得要求劳动者提供担保或者以其他名义向劳动者收取财物，包括不得向劳动者收取抵押金、抵押物、定金或者其他财物，不得强迫劳动者集资入股，也不得扣押劳动者的身份证等证件。而且由于劳动者的人身从属性，用人单位也不得要求劳动者提供保证人。三是其他不作为义务。用人单位不得侵犯劳动者隐私权，劳动者在求职时有权拒绝回答涉及个人隐私的问题，另外，用人单位了解到的劳动者个人资讯，不能用于非法目的或损害劳动者利益。用人单位还负有不欺诈的义务，包括不得发布虚假广告、提供虚假信息、不得无订约意图而恶意进行磋商。

2. 劳动者的先合同义务。一是告知义务。用人单位有权了解劳动者与劳动合同直接相关的基本情况，劳动者应当如实说明，包括如实告知年龄、身体状况、工作经历、知识技能以及就业现状等情况。二是保密义务。在合同未成立时，劳动者不得向他方泄露在订立合同过程中知悉的用人单位商业秘密的义务。[1]

（三）后合同义务

劳动合同终止后，劳动者与用人单位之间仍负有作为或不作为义务，称之为后合同义务。后合同义务的存在根据仍然是诚实信用原则，以平衡当事人的利益。[2]

---

[1]　杜小燕、郭慧敏：《劳动先合同义务的制度建构》，《西北工业大学学报（社会科学版）》2007年第1期。

[2]　冯彦君、董晓丽：《劳动合同的效力认定与效力扩张》，《月旦民商法杂志》2007年第16期。

1. 用人单位的后合同义务。为保障劳动者经济地位之向上，雇主往往尚有一种"契约后义务"，在劳动关系结束后，雇主仍应为一定行为，使劳动者能改善其情况，例如工作能力证明文件之签发；我国台湾地区"劳动基准法"第 19 条规定：劳动契约终止时，劳工如请求发给服务证明书，雇主或其代理人不得拒绝。[①]

2. 劳动者的后合同义务。一是竞业禁止。在劳动合同终止后，劳动者对劳动关系存续期间获知的秘密，在雇主合法利益维护之必要范围内，仍有相对守密义务。瑞士债法规定，有行为能力之劳动者得与雇主以书面约定，劳动契约关系消灭后不为竞争行为，尤其不得自营或受雇于与雇主相同之营业，但以维护雇主合法利益之必要为限。于雇主不再能证明竞业禁止对其有重大利益时，竞业禁止约定即失其效力。因此，竞业禁止的约定只有在符合一定条件即由此所产生的对自由的限制实属保护企业正当利益所必不可少时，才属合法，并且其适用在时间与空间上均应有限制。[②] 虽然我国劳动合同法规定在竞业限制期限内用人单位按月给予劳动者经济补偿，但笔者认为，除此之外出于劳动者生存

① 黄越钦：《劳动法新论》，中国政法大学出版社 2003 年版，第 180 页。

② 在法国，竞业禁止条款只有在符合一定条件时才能被认定为有效。根据法国最高法院社会事务庭 1996 年 11 月 19 日的判例，由于竞业禁止条款是对"经商自由"与"劳动自由"的损害，因此只有在这种条款所产生的对自由的限制实属保护企业正当利益所必不可少时，才属合法。法国最高法院社会事务庭 2000 年 7 月 10 日的判例认为：一项竞业禁止条款，只有当其对保护企业的正当利益实为必不可少，并且在时间与空间上均有限制，而且是基于（离职的）薪金雇员（原来）从事的工作的特殊性，同时包括雇主向薪金雇员支付经济补偿时才属合法。这些条件应当在同时考虑之列。该社会事务庭 2002 年 9 月 18 日的判例认为：即使竞业禁止条款对保护企业雇主的正当利益实属必不可少，但在此种条款一订立，薪金雇员就不能从事符合其所受教育、培训与经验的活动时，法官可以在时间、空间与其他限制条件方面限制这种条款的适用。罗结珍译，《法国民法典》下册，法律出版社 2005 年版，第 832—833 页。

权利的需要，法官可对当事人之间约定的竞业限制的范围、地域、期限及其他限制条件予以限制，并需要明确用人单位对劳动者给予经济补偿的最低标准。二是返还义务。劳动合同终止后，劳动者应当返还其保管、使用的用人单位的所有物品（如交通工具、驾驶证件等）以及应当归还的其他利益，办理相应的交接手续。

第四节　我国劳动合同效力体系的完善

一　我国劳动合同效力体系的现状

（一）我国《劳动法》及《劳动合同法》对劳动合同效力的规定

《劳动法》第 18 条规定："下列劳动合同无效：1. 违反法律、行政法规的劳动合同；2. 采取欺诈、威胁等手段订立的劳动合同。无效的劳动合同，从订立的时候起，就没有法律约束力。确认劳动合同部分无效的，如果不影响其余部分的效力，其余部分仍然有效。劳动合同的无效，由劳动争议仲裁委员会或者人民法院确认。"第 19 条规定："劳动合同应当以书面形式订立，并具备以下条款：1. 劳动合同期限；2. 工作内容；3. 劳动保护和劳动条件；4. 劳动报酬；5. 劳动纪律；6. 劳动合同终止的条件；7. 违反劳动合同的责任。劳动合同除前款规定的必备条款外，当事人可以协商约定其他内容。"

《劳动合同法》第 16 条规定："劳动合同由用人单位与劳动者协商一致，并经用人单位与劳动者在劳动合同文本上签字或者盖章生效。"第 26 条规定："下列劳动合同无效或者部分无效：1. 以欺诈、胁迫的手段或者乘人之危，使对方在违背真实意思的情况下订立或者变更劳动合同的；2. 用人单位免除自己的法定责任、排除劳动者权利的；3. 违反法律、行政法规强制性规定的。对劳动合同的无效或者部分无效有争议的，由劳动争议仲裁机构或者人民法院确认。"

从以上法律依据可以看出，我国劳动合同的效力评价机制是一种二元评价机制，不是有效就是无效，对于因胁迫、欺诈和乘人之危而意思瑕疵的合同，并没有给一方当事人选择权，而是统统归于无效；对于显失公平、重大误解情况下签订的劳动合同则根本没有可适用的规定。

（二）地方立法对劳动合同效力的补充

地方劳动合同立法对劳动合同效力的规定，有的是严格照搬《劳动法》的相关规定，有的是在《劳动法》的基础上作适当补充，也有的则是突破了《劳动法》的相关规定。

1. 规定建立劳动关系必须订立劳动合同。如《福建省劳动合同管理条例》第 4 条、《海南省劳动合同管理条例》第 7 条、《杭州市劳动合同条例》第 3 条、《湖南省劳动合同规定》第 3 条、《广州市劳动合同管理规定》第 3 条均作了建立劳动关系应订立书面劳动合同的规定，《苏州市劳动合同管理办法》第 4 条甚至规定："用人单位招用劳动者如果未订立合同的，不得使用劳动者。"这些规定，则是把劳动合同在建立劳动关系中的作用推向了极致。

2. 规定订立非全日制劳动合同可以采用口头形式。如《上海市劳动合同条例》第 47 条规定："订立非全日制劳动合同可以

采用书面形式，也可以采用其他形式。"这就肯定了非全日制劳
动关系中口头合同的效力。《深圳市劳动合同条例》也承认了非
全日制用工采取非书面合同的合法性，其中规定："非全日制劳
动合同期限在一个月以下的，经双方协商同意，可以订立口头劳
动合同。"《江苏省劳动合同条例》第 42 条规定："订立非全日制
劳动合同一般采用书面形式。劳动合同期限在一个月以下的，经
当事人协商同意，可以订立口头劳动合同。当事人一方要求采用
书面形式的，应当采用书面形式。"

3. 扩大无效劳动合同范围。如《黑龙江省劳动合同管理规
定》第 18 条规定的无效劳动合同包括了"违反法律、法规、
规章规定的；当事人受欺诈、胁迫等意思表示不真实的；损害
国家、集体、社会公共利益的；显失公平的"四种。《海南省
劳动合同管理条例》增加了"限制或者损害一方基本权利"一
种情形。

（三）劳动合同法草案中对劳动合同效力类型的规定

在劳动合同法的起草过程中，有很大一部分声音在批评《劳
动法》中关于受欺诈、胁迫的劳动合同无效的规定过于僵化，不
利于保护劳动者的权益，对此应修改为赋予受欺诈、胁迫的一方
撤销权、变更权，更好地体现私法上的意思自由。《劳动合同法》
（草案）也采纳了这种观点，在第 19 条规定："对存在重大误解
的劳动合同或者显失公平的劳动合同，用人单位和劳动者均有权
请求劳动争议仲裁机构、人民法院予以撤销。用人单位乘人之
危，使劳动者在违背真实意思的情况下订立劳动合同，劳动者有
权请求劳动争议仲裁机构或者人民法院予以撤销。"《劳动合同
法》（草案）引入劳动合同可撤销制度，试图弥补《劳动法》的

二元效力认定机制。①

　　综上可见，我国关于劳动合同效力的规定仍嫌单薄。虽然《劳动合同法》关于劳动合同效力的认定与现行《劳动法》相比，有其进步性，如《劳动法》对劳动合同的无效仅仅设计了一个条文，除规定采取欺诈、威胁等手段订立的劳动合同无效外，还认为违反法律、行政法规的劳动合同无效。而且这一条文过于笼统、开放和抽象，《劳动合同法》则明确列举了劳动合同无效或者部分无效的三种情形，内容比较明确具体，增强了可操作性。特别是从"违反法律、行政法规的劳动合同无效"到"违反法律、行政法规强制性规定的劳动合同无效或者部分无效"，彰显立法者在把握合同效力尺度上的松动，某种程度上扭转了现行劳动法评价合同效力的武断和粗暴。②另外，《劳动合同法》考量了劳动合同的特殊属性，明确规定劳动合同无效时，劳动者已付出劳动的，用人单位应当向劳动者支付劳动报酬等规定，更加趋于理性，也显然更有利于保护劳动者的利益。但是《劳动合同法》仍有不足，没有对重大误解和显失公平的劳动合同效力作出规定，没有规定劳动合同可撤销情形，对欺诈、胁迫或者乘人之危，使对方在违背真实意思的情况下订立或者变更劳动合同的，直接认定劳动合同无效或者部分无效，仍沿袭了劳动法只区分劳动合同有效

---

　　①　但遗憾的是，《劳动合同法》中并未采纳这一建议，学者们也多认为劳动合同可撤销制度的功能完全可以由解除制度来实现，因为二者殊途同归。但笔者在后面的论述中将两个制度加以比较，得出二者可以并存，由当事人进行选择适用的结论。

　　②　李培志：《我国劳动合同效力制度的审视与重构——以劳动合同法为中心》，《河北法学》2008年第2期。

和无效的二元格局，对劳动合同效力的判断仍嫌机械呆板，刚性有余，弹性不够。① 因此，我们应对我国劳动合同效力制度进行通盘、系统地梳理与审视，弥补缺陷，革故鼎新。

二　我国劳动合同效力多元化体系的建立

劳动法根植于民法，正如法国学者勒内·达维德所说："民法在我们的各类法律中起了基础学科的作用，法的其他门类曾以其为模式（行政法）或为某些门类的关系使之完善（劳动法）"，② 而且，劳动法的现代独立发展也并未彻底否定对民法基本精神如诚信、意思自治的继承性。甚至劳动法与民法还有功能上的弥补关系，日本学者曾指出："劳动法具有限制资本的商品支配，修正市民法契约自由的机能。"③ 但这些并不能阻碍劳动法超越于民法从而具有社会法属性的发展步伐。刘清波在其《民法概论》中提出："不完全生效之法律行为可分为三种：一为无效之法律行为，二为得撤销之法律行为，三为效力未确定之法律行为"。④ 这是劳动合同效力多元化体系建立的基础。当然，劳动合同特殊的本质属性使得宏观的劳动合同效力评价体系注定要具有与合同效力体系既相似又更能体现社会法功能的特性，以此

---

① 李培志：《我国劳动合同效力制度的审视与重构——以劳动合同法为中心》，《河北法学》2008年第2期。

② ［法］勒内·达维德：《当代主要法律体系》，漆竹生译，上海译文出版社1984年版，第80页。转引自冯彦君《民法与劳动法制度的发展与变迁》，《中国人民大学复印报刊资料（民商法学）》2001年第8期。

③ ［日］木下正义等著：《劳动法》，成文堂1992年版，第10页。转引自冯彦君《民法与劳动法制度的发展与变迁》，《中国人民大学复印报刊资料（民商法学）》2001年第8期。

④ 参见董安生《民事法律行为》，中国人民大学出版社2002年版，第72页。

提供上游思考与全盘价值体系的考量。仅仅以合法性程度标准是无法反映现代法律行为制度中效力规则体系之内在要求的。郑玉波对效力规则体系多元化曾有一评述，"要而言之，此乃立法政策上之问题，亦即视其所欠缺生效要件之性质如何以为决定"，其目的在于保护社会利益、当事人利益和第三人利益，"总之，法律因事制宜，并不固执一端也。"① 在对劳动合同效力进行评价时，既要坚持尽量使劳动合同有效的原则，又要充分尊重劳动合同当事人选择意志的原则，特别是坚持保护劳动者利益的原则，赋予其选择合同有效或无效的权利②。确立我国劳动合同效力多元化体系，能够切实实现以上立法宗旨和目的。

（一）明确劳动合同无效确认标准

民法中无效或可撤销的规定应有限制地使用于瑕疵劳动合同的原因归根结底是劳动合同中的劳务价值已转移到无法复原的用人单位其他财产之中。③ 我国也应明确劳动合同无效的确认标准：违反法律、行政法规强制性规定的劳动合同无效；订立损害国家利益、社会公共利益的劳动合同无效；对于可撤销劳动合同，当事人请求法院或劳动争议仲裁机构撤销的，劳动合同归于无效。从鼓励交易，避免浪费，鼓励就业，维护劳动关系稳定的角度出发，设立劳动合同无效制度时，应采取这样一种价值取向：优先保护劳动者利益，尽可能维持劳动合同的效力，除非认

---

① 郑玉波著：《民法总则》，转引自董安生著《民事法律行为》，中国人民大学出版社 2002 年版，第 97 页。

② 冯彦君、董晓丽：《劳动合同的效力认定与效力扩张》，《月旦民商法杂志》2007 年第 16 期。

③ 金玄武：《论瑕疵劳动合同的效力》，《法学》2001 年第 10 期。

定合同有效将违反法律强行性规定、违反社会公共利益。

（二）确立劳动合同可撤销制度

劳动法关于劳动合同效力的规定采用了过于生硬的二元评价机制，即劳动合同要么生效，要么无效，没有给予当事人补救有瑕疵的劳动合同的机会。因此，将因欺诈、胁迫、重大误解、乘人之危、显失公平等订立的劳动合同作为可撤销劳动合同对待，使撤销制度具有强大的综合功能，不仅弥补了劳动合同无效制度无法体现意思自治，难以保障受欺诈人利益的缺陷，而且在柔化劳动合同无效制度刚性的同时，也没有丧失其本身所具有的制裁和遏制违法行为的功能，因为由受欺诈人根据自身利益考虑决定是否撤销合同，是否保持合同的效力，才能最充分地使受欺诈人的利益得到尊重和保护。

笔者认为对劳动合同可撤销制度可以做以下条文设计。下列劳动合同，受损害方可以直接向另一方主张撤销劳动合同，若双方当事人对可撤销事由有争议，也有权请求人民法院或者仲裁机构变更或者撤销：（1）因重大误解订立的劳动合同；（2）在订立合同时显失公平的劳动合同；（3）一方以欺诈、胁迫手段、不正当影响或者乘人之危，使对方在违背真实意思的情况下订立的劳动合同；（4）主体资格缺失的劳动合同。具有撤销权的用人单位或者劳动者在劳动合同期限届至前均可主张撤销劳动合同；如果是无固定期限劳动合同，具有撤销权的用人单位或者劳动者自知道或者应当知道劳动合同撤销事由之日起 10 年内没有行使撤销请求权的，该撤销请求权消灭。这样规定的目的是基于尊重受害方的意愿，将选择的权利交给受害人，也是保护受害人利益的体现。

（三）确立劳动合同效力待定制度

建立劳动合同效力待定制度有很重要的实践意义。例如企业在成立过程中，尚未完成工商登记取得法人资格，但为未来用工与劳动者签订了劳动合同，此时用人单位不具备法定主体资格，但劳动合同成立，待用人单位完成工商登记取得法人资格时劳动合同生效。对附条件、附期限劳动合同，在所附条件未确定成就前或所附期限未届至前，劳动合同效力待定。这能督促用人单位积极促成条件的成就，也能约束双方当事人在期限届至之前的行为。在劳动契约代理中，未成年工签订的劳动合同在其法定监护人同意之前属于效力待定劳动合同。为切实保障未成年工的权益，我国法律规定了相关的救济途径，并要求违法者承担相应的法律责任，但笔者认为，这种事后救济固然重要，但是若能做到实现防范，从源头入手，对未成年工签订的劳动合同进行严格控制更有必要。

（四）确立劳动合同强制缔约制度

民法中的强制有效规则是对不合法表意行为的某种特殊效力评价，它往往适用于行为人有过错或者"违法性程度"较强的情形。[①] 劳动合同的实现关涉整个社会秩序的安定和谐。因此，因用人单位的原因导致劳动合同无效或被撤销，虽然用人单位已向劳动者支付了劳动报酬、经济补偿金、赔偿金，这似乎已是对劳动者利益的极大保障，但丧失一个就业机会也许比金钱损失对劳动者而言更痛心。此时劳动者如果还愿意同该用人单位订立劳动合同，根据强制缔约理论，该用人单位不得拒绝。这样既对用人

---

① 董安生：《民事法律行为》，中国人民大学出版社2002年版，第96页。

单位的过错给予了惩戒，又最大限度地保障了劳动者权益。但是这一理论具有适用限制，即对于劳动者是不可适用的，基于劳动给付不得强制原则，由于劳动给付具有高度人格意义，不管是在诉讼或诉讼外，均无强制之可能。① 如果准许以强制的方法予以贯彻，则会侵害劳动者的人身自由。

最后需要注意的是，劳动合同效力的实现不能仅依靠法律，还需要通过加强劳动合同管理体制来实现。首先要完善企业内部的劳动合同管理体制。建立一套诸如劳动合同签订审核制度、劳动合同发行情况检查制度、解除或终止预通知制度、劳动合同情况定期统计制度、劳动合同档案制度等。根据劳动合同管理体系不健全、不完善的情况，可以自上而下地建立纵向、横向、总体、个体的管理网络，实行统一管理、分层负责和直接管理与间接管理相结合的管理体制，形成公司、二级单位、职工所在部门三级管理组织体系。通过劳动合同管理体系的建设，建立起科学的劳动合同管理运行机制，从而使新型劳动用工制度发挥其应有的效能。② 其次要完善企业外部的劳动合同监察机制。一方面，赋予劳动保障行政部门对劳动合同无效的申请权。另一方面要完善现行监督检查制度的具体措施，如完善劳动合同备案制度，建立用人单位劳动合同登记、申报制度，完善劳动合同巡视监察制度。同时完善劳动保障主管部门对劳动合同监管不力的责任追究制度。

---

① 黄越钦：《劳动法新论》，中国政法大学出版社 2003 年版，第 92 页。
② 杨福山：《加强和完善企业劳动合同管理的思考》，《河北能源职业技术学院学报》2004 年第 3 期。

结　　论

　　一切主要的学理问题，都不应以通说为终结，而是应呈现思考的开放性。[①] 通过批评性的讨论和检验对旧理论归入谬误之后，就随之产生了对能够解释既有问题的新理论的追求。因此，学术研究通常以现有理论的崩溃为起点。该理论的崩溃导致的问题可以由新理论来解释。任何理论知识解决方案的建议都是迈向真理的一步，因此同样也是可能的错误之最新状态。[②] 本书的核心观点就是建立在对传统劳动合同法理论的挑战基础上的。劳动合同效力的二元结构不能游刃有余地适用于用人主体与劳动者形式各异的劳动合同中，劳动合同有效固然是理想的，如果劳动合同在主体、内容、意思表示及形式上存在某种瑕疵，我们不敢想象用劳动合同无效一种模式就能够解决。劳动合同效力借鉴民事合同效力模式并赋予其劳动合同的特殊属性，并不影响劳动合同法的独立性，反而能更好地完善这一效力体系。本书正是从这个

---

　　① 龙卫球：《民法总论》，中国法制出版社 2002 年版，第 1 页。

　　② ［德］伯恩·魏德士：《法理学》，丁小春、吴越译，法律出版社 2003 年版，第 11 页。

角度入手，为劳动合同效力体系注入了新鲜的内容。但是这种注入并不是民事合同效力的翻版，基于劳动合同的从属性、内容受限性及继续性，每一种效力模式都呈现出不同角度的改变：要通过提高无效确认标准来严格限制劳动合同无效的适用，劳动合同可撤销则赋予了当事人对合同效力的选择权，劳动合同效力待定制度为劳动契约代理提供了适用的空间，同时通过劳动合同效力的限制、补正及扩张为效力体系的完善拓展了研究空间。

　　本书的研究结论中主要提出了以下几种设想：第一，在对劳动合同无效的处理中，提出将事实劳动关系合法化的目标。将用工行为定性为劳动事实行为，从而将事实劳动关系置于同劳动合同关系相等的地位，二者共同构成劳动法律关系。这就为劳动合同无效后，用人单位向劳动者支付劳动报酬提供了有效的法律依据。第二，针对劳动合同法及其实施条例中将以欺诈、胁迫的手段或者乘人之危，使对方当事人在违背真实意思的情况下订立劳动合同的情形作为劳动合同解除的条件之一，笔者认为这种将无效理由作为解除事由是自相矛盾的，若将其作为可撤销事由与解除制度并行存在，由当事人自行选择，就能解决这一矛盾。第三，提出了确立劳动合同强制缔约理论的设想，并且明确将其适用于因用人单位过错导致劳动合同无效时劳动者选择与原单位缔约的范围，因劳动者人身的不可强制性，故反之不能适用，以此体现对劳动者的倾斜保护。第四，完善了劳动契约代理制度。有代理权的代理人签订的劳动合同有效；未经授权代理签订的劳动合同须经权利人承认而生效，在确定拒绝或承认前为效力未定，但表见代理不适用于劳动契约代理。第五，建立了劳动合同效力多元化体系，在肯定原有的有效无效二元体系基础上，一方面进一步明确了无效的确认标准，另一方面拓展了效力的多元结构，即建立劳动合同可撤销制度，建立劳动合同效力待定制度，虽然形式上借鉴了合同效力体系的框架，但劳动合同的特殊属性使该体系内容呈现出劳动合同的特色。

劳动合同效力是一个复杂而且实践性很强的问题，笔者只是尽其所能地就理论、制度等层面的关键性问题进行阐释，并不能建构一套无所不包的"完备性学说"。① 虽然将劳动合同效力研究中的问题点均有提及，但仍有进一步延伸思考的必要和空间。当劳动合同效力丧失，劳动关系还会因事实劳动关系的存在而继续。将事实劳动关系合法化，与劳动合同关系共同支撑劳动法律关系是笔者的设想，但因与传统理论有异，尚待劳动法学界的检验，这也将是笔者进一步研究的课题。除此以外，还有拟在未来研究中加以完善的诸多方面。劳动合同效力研究实务性较强，虽然作者尽可能搜集具体事例，但因实践经验不足，许多对论题研究有实证意义的事例可能被忽视。另外，笔者认为《合同法》中尚有能为劳动合同提供借鉴的制度，但囿于思维的局限性，未能更好地吸收进本书中，这或许有些遗憾。而且劳动合同效力的实现远非法律制度所能独自承担的重任，对政治、经济、社会、文化等制度可能对劳动合同效力产生的影响有待深入研究。同时尚缺乏对国外制度在我国适用的妥当性的深度分析，有必要进一步分析在不同国情下，各种制度的异同及其优劣表现，为完善我国劳动合同效力体系提供有益借鉴。知识是不能穷尽的，有了新的研究目标终归是让人期待的。

① "完备性学说"是罗尔斯对逻辑完整且排他的理论体系的称呼，参见［美］约翰·罗尔斯《政治自由主义》，万俊人译，译林出版社 2000 年版。

参考文献

一　中文文献

（一）中文原著

1. 黄越钦：《劳动法新论》，中国政法大学出版社 2003 年版。

2. 许章润等：《法律信仰——中国语境及其意义》，广西师范大学出版社 2003 年版。

3. 冯彦君：《劳动法学》，吉林大学出版社 1999 年版。

4. 余世平、刘新主编：《劳动法实务与案例评析》，中国工商出版社 2002 年版。

5. 董安生：《民事法律行为》，中国人民大学出版社 2002 年版。

6. 刘志鹏：《劳动法理论与判决研究》，元照出版公司 2000 年版。

7. 史尚宽：《债法各论》，中国政法大学出版社 2000 年版。

8. 傅静坤：《二十世纪的契约法》，法律出版社 1997 年版。

9. 周宝妹：《劳动法要论》，群众出版社 2006 年版。

10. 董保华：《劳动合同研究》，中国劳动社会保障出版社

2005 年版。

11. 董保华：《劳动关系调整的法律机制》，上海交通大学出版社 2000 年版。

12. 孙鹏：《合同法热点问题研究》，群众出版社 2001 年版。

13. 卓泽渊：《法学价值》，重庆大学出版社 1993 年版。

14. 王全兴：《劳动法》，法律出版社 2004 年版。

15. 林嘉主编：《劳动合同法热点问题讲座》，中国法制出版社 2007 年版。

16. 王益英主编：《外国劳动法和社会保障法》，中国人民大学出版社 2001 年版。

17. 黄名述、张玉敏主编：《罗马契约制度与现代合同法研究》，中国检察出版社 2006 年版。

18. 祝铭山主编：《劳动合同纠纷》，中国法制出版社 2004 年版。

19. 中国劳动法学研究会编：《劳动保障法学论丛》第 1 卷，中国人事出版社 2005 年版。

20. 王泽鉴：《债法原理》，中国政法大学出版社 2001 年版。

21. 黎建飞：《劳动法的理论与实践》，中国人民公安大学出版社 2004 年版。

22. 郑功成、程延圆：《中华人民共和国劳动合同法释义与案例分析》，人民出版社 2007 年版。

23. 李仁玉等：《合同效力研究》，北京大学出版社 2006 年版。

24. 史尚宽：《民法总论》，中国政法大学出版社 2000 年版。

25. 沈达明：《英美合同法引论》，对外贸易教育出版社 1993 年版。

26. 梁慧星：《民法总论》，法律出版社 1996 年版。

27. 周楠著：《罗马法提要》，法律出版社 1988 年版。

28. 曾世雄：《民法总则之现在与未来》，中国政法大学出版社 2001 年版。

29. 尹田：《法国现代合同法》，法律出版社 1995 年版。

30. 王泽鉴：《民法学说与判例研究》第 1 册，中国政法大学出版社 1998 年版。

31. 龙卫球：《民法总论》，中国法制出版社 2002 年版。

32. 费孝通：《乡土中国　生育制度》，北京大学出版社 1998 年版。

33. 常凯：《劳权论——当代中国劳动关系的法律调整研究》，中国劳动社会保障出版社 2004 年版。

34. 杨燕绥：《劳动与社会保障立法国际比较研究》，中国劳动社会保障出版社 2001 年版。

35. 叶静漪、周长征主编：《社会正义的十年探索——中国与国外劳动法制改革比较研究》，北京大学出版社 2007 年版。

36. 马原：《劳动法条文精释》，人民法院出版社 2003 年版。

37. 黄松有：《最高人民法院劳动争议司法解释的理解与适用》，人民法院出版社 2006 年版。

38. 吕琳：《劳工损害赔偿法律制度研究》，中国政法大学出版社 2005 年版。

39. 常凯：《劳动关系·劳动者·劳权》，中国劳动出版社 1995 年版。

40. 谢怀栻：《合同法原理》，法律出版社 2000 年版。

41. 公丕祥：《权利现象的逻辑》，山东人民出版社 2002

年版。

42. 梁慧星：《民法解释学》，中国政法大学出版社 2000 年版。

43. 董保华等：《社会法原论》，中国政法大学出版社 2001 年版。

44. 郑尚元：《劳动法学》，中国政法大学出版社 2004 年版。

45. 袁方、姚裕群：《劳动社会学》，中国劳动社会保障出版社 2003 年版。

46. 张乃根：《法经济学——经济学视野里的法律现象》，中国政法大学出版社 2003 年版。

47. 黎建飞主编：《劳动合同法热点、难点、疑点问题全解》，中国法制出版社 2007 年版。

48. 董保华、杨杰：《劳动合同法的软着陆》，中国法制出版社 2007 年版。

49. 董保华：《劳动法论》，世界图书出版公司 1999 年版。

50. 郭捷：《劳动法学》，中国政法大学出版社 1997 年版。

51. 任扶善：《世界劳动立法》，中国劳动出版社 1991 年版。

52. 史探径：《劳动法》，经济科学出版社 1990 年版。

53. 史尚宽：《劳动法原论》，正大印书馆 1979 年版。

54. 王利明：《民商法研究》第 6 辑，法律出版社 2004 年版。

55. 梅仲协：《民法要义》，中国政法大学出版社 1998 年版。

56. 姜颖：《劳动合同法论》，法律出版社 2006 年版。

57. 郑玉波：《民法债编总论》，中国政法大学出版社 2004 年版。

58. 崔建远主编：《合同法》，法律出版社 2003 年版。

59. 北京市劳动和社会保障法学会编：《劳动合同与对女职工合法权益的保护研究》，人民日报出版社 2005 年版。

60. 王利明、崔建远著：《合同法新论总则》，中国政法大学出版社 1996 年版。

61. 董保华：《论实际履行原则》，中国劳动社会保障出版社 2005 年版。

62. 邢新民、郭振主编：《劳动争议典型疑难案情精析》，人民法院出版社 1998 年版。

（二）中文译著

1. ［意］彼德罗·彭梵得：《罗马法教科书》，黄风译，中国政法大学出版社 1992 年版。

2. ［英］梅里曼：《大陆法系之传统》，章孝慈译，黎明文化事业公司 1978 年版。

3. ［德］卡尔·拉伦茨：《德国民法通论》，王晓晔等译，法律出版社 2003 年版。

4. ［德］拉德布鲁赫：《法学导论》，米健、朱林译，中国大百科全书出版社 1997 年版。

5. ［美］博登海默：《法理学——法哲学及其方法》，邓正来译，中国政法大学出版社 1999 年版。

6. ［美］约翰·罗尔斯：《正义论》，何怀宏等译，中国社会科学出版社 1988 年版。

7. ［英］哈特：《法律的概念》，张文显等译，中国大百科全书出版社 1996 年版。

8. ［德］W. 杜茨：《劳动法》，张国文译，法律出版社 2005 年版。

9.《劳动法论文选译》，中国人民大学民法教研室编译，中国人民大学出版社 1956 年版。

10.〔日〕大须贺明：《生存权论》，林浩译，法律出版社 2001 年版。

11.〔美〕格兰特·吉尔莫：《契约的死亡》，法律出版社 2003 年版。

12.《法国民法典》下册，罗结珍译，法律出版社 2005 年版。

13.〔美〕L. L. 富勒、小威廉 R. 帕杜：《合同损害赔偿中的信赖利益》，韩世远译，中国法制出版社 2004 年版。

14.〔日〕内田贵：《契约的再生》，法律出版社 2003 年版。

15.〔美〕查尔斯·弗里德：《契约及允诺》，郭锐译，北京大学出版社 2006 年版。

16.〔美〕罗伯特·考特、马斯·尤伦：《法和经济学》，张军等译，上海三联书店、上海人民出版社 1994 年版。

17.〔法〕勒内·达维德：《当代主要法律体系》，漆竹生译，上海译文出版社 1984 年版。

18.〔加〕A. E. 奥斯特、L. 夏莱特：《雇佣合同》，中国对外翻译出版公司 1995 年版。

19.〔德〕迪特尔·梅迪库斯：《德国民法总论》，邵建东译，法律出版社 2000 年版。

20.〔德〕伯恩·魏德士：《法理学》，丁小春、吴越译，法律出版社 2003 年版。

21.〔德〕Immanuel Gebhardt/Roter Dubbers：《中国和德国劳动合同的无效》，中信出版社 2003 年版。

22.〔日〕富井政章：《民法原论》第 1 卷，陈海防等译，中国政法大学出版社 2003 年版。

23. 〔英〕P. S. 阿狄亚:《合同法导论》,赵旭东等译,法律出版社 2002 年版。

24. 〔德〕马克斯·韦伯:《论经济与社会中的法律》,张乃根译,中国大百科全书出版社 1998 年版。

25. 〔法〕卢梭:《论人类不平等的起源和基础》,李常山译,商务印书馆 1997 年版。

26. 〔英〕约翰·奥斯丁:《法理学的范围》,刘星译,中国法制出版社 2002 年版。

27. 〔美〕P. 诺内特、P. 塞尔兹尼克:《转变中的法律与社会:迈向回应型法》,张志铭译,中国政法大学出版社 2004 年版。

28. 〔美〕Lan R. 麦克尼尔:《新社会契约论》,雷喜宁、潘勤译,中国政法大学出版社 2004 年版。

29. 〔英〕哈耶克:《自由秩序原理》,邓正来译,生活·读书·新知三联书店 1997 年版。

30. 〔美〕约翰·罗尔斯:《政治自由主义》,万俊人译,译林出版社 2000 年版。

(三) 期刊文献

1. 李琦:《法律效力·合法行为发生法律上效果之保证力》,《法学研究》1995 年第 2 期。

2. 石宏:《论合同效力的有关问题》,《法律科学》1997 年第 5 期。

3. 侯玲玲:《劳动合同的特殊性研究》,《法学》2006 年第 1 期。

4. 林嘉：《劳动合同若干法律问题研究》，《法学家》2003年第6期。

5. 曹燕：《劳动合同制度的政策基础和功能冲突》，《政法论丛》2007年第3期。

6. 许建宇：《"有利原则"的提出及其在劳动合同法中的适用》，《法学》2006年第5期。

7. 郭慧敏、张艳香：《劳动合同法的经济分析》，《湖南师范大学社会科学学报》2007年第5期。

8. 王卫国：《论合同无效制度》，《法学研究》1995年第3期。

9. 胡健：《压力和阻力考验〈劳动合同法〉》，《法治与社会》2008年第4期。

10. 林海：《浅析劳动合同的附合性》，《广西政法管理干部学院学报》2002年第3期。

11. 冯彦君：《口头劳动合同法律效力和劳动事实关系》，《中国劳动》2006年第1期。

12. 睢素利：《特殊劳动案件的认定与处理》，《法学杂志》2007年第3期。

13. 张红：《中国劳动合同效力评价机制·反思与重构》，中国人事出版社2005年版。

14. 冯彦君：《公司分立与劳动权保障——我国应确立劳动契约承继制度》，《法学家》2005年第5期。

15. 王全兴、侯玲玲：《劳动合同法的地方立法资源评述》，《法学》2005年第2期。

16. 张冬梅：《无效劳动合同制度对合同法理论的突破——

兼谈无效劳动合同与无效民事合同的区别》,《中国劳动关系学院学报》2006 年第 5 期。

17. 冯彦君:《我国劳动合同立法应正确处理三大关系》,《当代法学》2006 年第 6 期。

18. 孙学致:《劳动合同法中的私法属性》,《当代法学》2006 年第 6 期。

19. 喻术红:《我国无效劳动合同制度的缺陷及其完善》,《法学评论》2005 年第 3 期。

20. 薛春丽、埃勒克斯洛:《借鉴澳洲法律完善中国集体劳动合同立法》,《天津市政法管理干部学院学报》2006 年第 4 期。

21. 张冬梅:《论劳动合同中的缔约过失责任制度》,《北京市工会干部学院学报》2005 年第 2 期。

22. 郭平:《劳动合同无效初探》,《工会论坛》2004 年第 7 期。

23. 李原、李德俊:《组织中的心理契约的研究发展》,《心理动态》2002 年第 1 期。

24. 张剑军等:《毕业生就业协议的法律性质辨析》,《当代青年研究》2007 年第 5 期。

25. 程延园:《就业协议需要与劳动合同相衔接》,《中国人力资源开发》2004 年第 2 期。

26. 李涛:《浅谈大学生签订就业协议书的法律问题》,《当代经济》2004 年第 11 期。

27. 张冬梅:《就业协议书存在的问题及其解决之策》,《中国大学生就业》2005 年第 24 期。

28. 施卫华:《当前高校毕业生就业法律关系探析》,《福州大学学报》2004 年第 2 期。

29．秦文献：《大学生就业协议·典型的预约合同》，《中国劳动》2005 年第 1 期。

30．翟玉娟：《高校毕业生就业协议的法律性质分析》，《深圳大学学报》（人文社会科学版）2007 年第 2 期。

31．王煜、吴晓阳：《劳动事实关系略论》，《中国地质大学学报》（社会科学版）2004 年第 5 期。

32．张冬梅：《无效劳动合同制度对合同法理论的突破》，《中国劳动关系学院学报》2006 年第 5 期。

33．徐智华：《关于完善劳动立法的几个问题》，《中南财经大学学报》1999 年第 1 期。

34．王立明：《劳动合同订立与劳动关系建立的法律识别》，《中国劳动》2008 年第 1 期。

35．何新容：《试论可变更·可撤销劳动合同法律制度》，《法制与社会》2007 年第 9 期。

36．谢增毅：《对劳动合同法若干不足的反思》，《法学杂志》2007 年第 6 期。

37．吴文芳、韦祎：《论劳动合同中的附随义务》，《法商研究》2006 年第 4 期。

38．袁雪：《浅析英美法系的不正当影响制度》，《学术交流》2005 年第 6 期。

39．王卫国：《论合同无效制度》，《法学研究》1995 年第 3 期。

40．周帮扬：《浅析可撤销合同能否作为合同解除之对象》，《武汉船舶职业技术学院学报》2005 年第 2 期。

41．潘峰：《代签劳动合同效力问题探析》，《中国人力资源开发》2007 年第 11 期。

42. 张渊：《劳动合同无效制度研究》，《法学》2003 年第2 期。

43. 黄忠：《无效民事行为效力转换制度研究》，《法商研究》2007 年第 2 期。

44. 蓝承烈：《论合同效力的扩张》，《学术交流》2000 年第6 期。

45. 杜小燕、郭慧敏：《劳动先合同义务的制度建构》，《西北工业大学学报》（社会科学版）2007 年第 1 期。

46. 冯彦君、董晓丽：《劳动合同的效力认定与效力扩张》，《月旦民商法杂志》2007 年第 16 期。

47. 冯彦君：《民法与劳动法·制度的发展与变迁》，《中国人民大学复印报刊资料（民商法学)》2001 年第 8 期。

48. 金玄武：《论瑕疵劳动合同的效力》，《法学》2001 年第10 期。

49. 杨福山：《加强和完善企业劳动合同管理的思考》，《河北能源职业技术学院学报》2004 年第 3 期。

50. 李培志：《试论和谐劳动关系的构建》，《中国劳动关系学院学报》2005 年第 6 期。

51. 王艳梅：《劳动关系契约化的法哲学探析》，《当代法学》2005 年第 1 期。

52. 杜波：《略论劳动法中经济补偿》，《当代法学》2005 年第 2 期。

53. 陈世荣：《法律效力论》，《法学研究》1994 年第 4 期。

54. 张根大：《论法律效力》，《法学研究》1998 年第 2 期。

55. 文正邦：《法律效力的法哲学反思》，《云南法学》2000年第2期。

56. 刘婵秀：《法律效力的经验证成》，《法律科学》2001年第1期。

57. 梁忠前：《法效力的逻辑探寻》，《法律科学》1998年第1期。

58. 王全兴：《我国劳动合同立法的基本取向》，《中国劳动》2005年第7期。

59. 潘佳铭：《"法律效力"辨正》，《西南师范大学学报》1996年第2期。

60. 杨春福：《论法律效力》，《法律科学》1997年第1期。

61. 韩桂君：《修改〈劳动法〉若干问题研究》，《甘肃政法学院学报》2005年第5期。

62. 张旭东：《论契约自由与契约正义》，《郑州航空工业管理学院学报》2005年第8期。

63. 蔡新艺：《契约自由与实质正义》，《安徽警官职业学院学报》2005年第2期。

64. 姚新华：《契约自由论》，《比较法研究》1997年第1期。

65. 史晓娟：《劳动合同无效认定的探析》，《成都教育学院学报》2005年第11期。

66. 潘伟梁：《常见的几种无效劳动合同》，《法学杂志》1996年第2期。

67. 于新华、杜波：《试论无效劳动合同》，《中国农业大学学报》2002年第3期。

68. 武俊山：《略论无效劳动合同》，《忻州师范学院学报》2002

年第 1 期。

69. 徐向暹：《试论无效劳动合同的认定》，《甘肃农业》2003 年第 6 期。

70. 田春苗：《论劳动合同的有效》，《兰州学刊》2004 年第 5 期。

71. 申建平：《劳动合同法律属性论》，《河北法学》2004 年第 7 期。

72. 郑爱青：《法国劳动合同立法的启示》，《法学杂志》2002 年第 5 期。

73. 张有全：《日本劳动法的特点及借鉴》，《广西社会科学》2004 年第 9 期。

74. 李培志：《劳动合同效力认定价值取向》，《中国劳动》2005 年第 4 期。

75. 王立明：《浅析我国劳动合同主体立法的完善》，《青海社会科学》2005 年第 3 期。

76. 程延园：《劳动合同立法——寻求管制与促进的平衡》，《中国人民大学学报》2006 年第 5 期。

77. 孙学致：《契约自由·"契约自由权"与契约权利》，《吉林大学学报》2006 年第 5 期。

78. 薛军：《人的保护——中国民法典编撰的价值基础》，《中国社会科学》2006 年第 4 期。

79. 孙笑侠、郭春镇：《法律父爱主义在中国的适用》，《中国社会科学》2006 年第 1 期。

80. 陈银娥：《不确定性与早期劳动合同——契约理论的一个新发展》，《中南财经政法大学学报》2003 年第 3 期。

81. 柯湘：《略论事实劳动关系——兼谈〈劳动法〉的完善》，《中国劳动》2000 年第 6 期。

82. 董保华：《论我国工会的职业化、社会化和行业化》，《工会理论与实践》2002 年第 1 期。

83. 冯彦君：《论劳动法是保障人权立法》，《中国检察官管理学院学报》1995 年第 1 期。

84. 毛建平：《关于社会主义劳动力市场问题的法律探讨》，《中国法学》1993 年第 5 期。

（四）学位论文

1. 褚国良：《无效劳动合同研究》，硕士学位论文，山东大学，2007 年。

2. 宋宝称：《劳动合同效力研究》，硕士学位论文，吉林大学，2007 年。

3. 张雯雯：《中法两国劳动合同解除制度比较研究》，硕士学位论文，四川大学，2007 年。

4. 李建伟：《无效劳动合同制度研究》，硕士学位论文，湖南大学，2007 年。

5. 赵玲玲：《劳动规章制度研究》，硕士学位论文，吉林大学，2007 年。

6. 丁智国：《我国劳动合同法律制度研究》，硕士学位论文，黑龙江大学，2007 年。

7. 太月：《劳动缔约过失责任制度研究》，硕士学位论文，吉林大学，2007 年。

8. 肖东梅：《论事实劳动关系》，硕士学位论文，西南政法大学，2006 年。

9. 张妮：《劳动合同效力研究》，硕士学位论文，湖南大学，2006 年。

10. 杨晶：《劳动合同附和化研究》，硕士学位论文，华中科技大学，2006 年。

11. 王芸：《劳动合同订立的若干法律问题研究》，硕士学位论文，四川大学，2005 年。

12. 董晓丽：《论劳动合同的法律效力》，硕士学位论文，吉林大学，2005 年。

13. 王皎皎：《劳动合同条款研究》，硕士学位论文，吉林大学，2005 年。

14. 张伊娜：《完善我国劳动合同制度的法律思考》，硕士学位论文，对外经济贸易大学，2005 年。

15. 曾红柳：《无效劳动合同制度研究》，硕士学位论文，武汉大学，2005 年。

16. 代渠阳：《完善无效劳动合同制度的法律思考》，硕士学位论文，四川大学，2004 年。

17. 唐婵凤：《论无效劳动合同》，硕士学位论文，华东政法学院，2004 年。

18. 高超：《劳动合同若干问题研究》，硕士学位论文，中国政法大学，2001 年。

二　外文文献

1. Alison Bone，Marnah Suff，Essential Employment Law (Second Edition) 2004.

2. William B. Gould，International Labor Standards：Glo-

balization, Trade, and Public Policy, Stanford, Calif. : Stanford University Press, 2003.

3. William L. Keller, Timothy J. Darby, International Labor and Employment Laws, Washington, D. C. : Bureau of National Affairs, 2001.

4. P. S. Atiyah, The Binding Nature of Contracture Obligations, Donald Harris and Denis Tallon, Contract Law Today, Oxford: Clarendon Press, 1989.

5. Zimmermann: The Law of Obligations, Hamburg – New York, 1989.

6. G. J. Borrie Stevens and Borrie's Elements of Merchant Law. 15th ed.

7. Kalleberg Arne L. and Reskin, Barbara F. and Hudson, K. Bad Jobs in America: Standard and Nonstandard Employment Relations and Job Quality in the United States American Sociological Review, 65. (2000).

8. Katharine G. Abraham and Susan K. Taylor, Firm's Use of Outside Contractors: Theory and Evidence, 14 (No. 3) Labor Economics 394 (1996).

9. Rober N. Covington and Kurt H. Decker and Graduate School of Industrial Relations Saint Francis College, Individual Employee Rights – In a Nutshell, West Publishing Co. (1995).

10. Stanford M. Jacoby, Masters to Managers – Historical and Comparative Perspectives on American Employers, Columbia University, (1991).

三　其他文献

1. 冯彦君：《劳动关系契约化·劳动法实施的关键》，光明日报 1995 - 11 - 28（7）。

2.《中德劳动与社会保障法比较法文集》，中信出版社 2003 年版。

3. 李光：《浅析德国法中撤销与非常解除劳动关系的区别》，http：//www. civillaw. com. cn/article/default. asp？id ＝ 16212，2008 年 9 月 3 日。

4. 谢德成：《论劳动合同法之基本原则》，http：//www. 51Labour. com/labour - law/show - 8766. html，2008 年 3 月 5 日。

5. 郑爱青：《法国劳动法对女性权益的保护》http：//211. 167. 236. 236/china/newzt/magezine/2005020051229170842. htm，2008 年 9 月 3 日。

攻读博士学位期间发表的论文及其他科研成果

一 发表和出版的科研成果

1.《关于证明责任理论分配的思考》,《辽宁广播电视大学学报》2005 年第 1 期,第一作者。

2.《劳动契约自由的定位》,《辽宁工程技术大学学报》2006 年第 1 期,第一作者。

3.《劳动契约自由的定位与检讨》,《和谐社会构建中的法律问题研究》,吉林人民出版社 2006 年版,独立作者。

4.《主体资格缺失的劳动合同效力研究》,《辽宁广播电视大学学报》2007 年第 2 期,独立作者。

5.《劳动合同中契约自由的适用》,《法学教育》2007 年第 12 期,独立作者。

6.《劳动契约自由的限制与弘扬》,《辽宁法制报》2008 年 1 月 9 日,独立作者。

7.《医患关系中患者知情权评析》,《沈阳师范大学学报》2008 年第 1 期,第一作者。

8.《浅析劳动者的劳动合同责任》,《辽宁行政学院学报》2008 年第 11 期,第一作者。

9. 主编《中国民商法典型案例评析丛书——债法篇》,香港新闻出版社 2006 年版。

10. 主编《民法学》,白山出版社 2005 年版。

11. 副主编《民事诉讼法》,辽宁人民出版社 2005 年版。

12. 参编《律师法学》,高等教育出版社 2007 年版。

二 其他科研成果

1. 主持辽宁省哲学社会科学基金 2003—2005 年课题《中国民商法律文化进程研究》(L03CFX007) 已结题,证书号:20050033。

2. 主持辽宁省哲学社会科学基金 2007—2009 年课题《劳动合同效力研究》(L07DFX029),在研。

3. 主持辽宁省教育科学"十一五"规划 2006 年度立项课题《农村劳动力转移与培训研究》(2006—2008) 已结题,证书编号:2008254。

4. 主持辽宁省教育科学"十一五"规划 2008 年度立项课题《劳动合同法在大学生就业领域的适用》,在研。

5. 主持辽宁省社科联 2006 年度立项课题《辽宁农村劳动力转移与培训问题研究》(2006lnsklktfx - 38 - 28) 已结题,证书号:2006jl046。

6. 主持辽宁省社科联 2007 年度立项课题《构建和谐劳动关系问题研究》(2007lslktfx - 107),已结题,证书号:2008lsljl - 510,同时获得辽宁省社科联 2007 年度结项课题成果三等奖。

7. 主持辽宁省法学会 2008 年重点课题《劳动合同法中事实

劳动关系研究》（LNFXH2008B005），在研。

8. 主持沈阳师范大学教改立项《案例教学改革模式初探》，已结题。

9. 《执行工作存在的问题与对策》获 2004 年度沈阳市社科优秀学术成果评委会优秀奖。

10. 《民营企业的司法保护》获 2004 年度沈阳市社科联合会三等奖。

11. 《劳动契约自由的定位》获 2006 年度沈阳市社会科学优秀学术成果论文类三等奖。

12. 《劳动契约自由的限制与保有》获沈阳市法学会民商法研究会 2007 年学术年会优秀论文一等奖。

后　记

　　每当一个总结性的日子到来时，我们总要回顾一下过去的日子。许多记忆、想法与努力促成实现的种种希望，都一一涌上心头。

　　一路走来，心里总是沉甸甸的，也许是性格使然，即便是论文定稿之时，心里依然没有轻松之感，新的挑战、新的目标又接踵而来。人或许就是在没有终点的历练中成长起来的。阿尔伯特·哈伯德告诫我们：不要虚掷青春时光，心里只想自己要做的事，然后径直向你的目标前进。对此我深信不疑。

　　博士学习阶段学业上的收获将使我受益终生，感谢我的恩师冯彦君教授将我引入劳动法的研究殿堂，始觉幽僻小径，入门后顿时豁然开朗，由此明确了我今后的研究方向，也为我指导学生提供了有益的借鉴。学业之外，颇有感触的是在我工作多年以后又回到了宁静的校园，享受着摆脱家庭琐事的集体生活，听课，记笔记，作论坛，细细品味纯净的读书时光，有如世外桃源，如此静心。

　　毕业论文的写作过程是漫长的，思路顺畅时很有成就感，当遇到瓶颈时就无从下笔，特别是在否定—肯定—再否定的逻辑思辨中苦苦地寻求突破的路径。当写作陷入困境时，恩师精神上的鼓励使我又有了迎接挑战的决心和信心。在论文初稿完成后，是恩师一遍遍认真地修改，小到字词的运用，大到论点论据的推敲，一丝不苟、严谨求实的作风使我不敢有半点松懈，让我更加端正了做学问的态度。与此同时，赵新华教授、徐卫东教授、石少侠教授、马新彦教授、李建华教授、蔡立东教授都给了我这个同行中的小字辈莫大的支持和帮助，让我懂得了更多做人、做学问的道理。

　　谨以此文献给我的父母及公婆，在我埋头写作的书桌旁，在我离家在外读书期间，有他们情感上的呵护，生活上的关怀，经济上的帮助，虽然默默地，但我心怀感恩。当我有所倦怠时，他们也会严厉地督促，虽然我已三十有五，但仍然有父母在耳边劝导"好好学习，多读书"，这对我真是幸福之极。我想，我的点滴进步就是对他们付出的最好回报。

　　也将此文献给我的丈夫及爱女，他们陪伴我度过了那么多美好的时光，丈夫的支持、理解和帮助自不必说，爱女在我考博时就给我提出"一定要考第一"的要求，在我读书期间又有"好好学习，别让老师批评"的告诫，稚嫩却不失水准的话语让我感动，也让我警醒，我就是孩子的一面镜子，我要做得更好才行。

　　感谢沈阳师范大学及其法学院的领导和同事们，他们为我的博士学习提供了宽松的环境，从精神、物质、时间上给了我尽可能多的关怀和帮助。最后我要感谢身边真诚而善良的朋友们，在我困难和失落时给予我的关心和帮助深深地温暖和感动着我。这都是我一生用之不尽的财富。

我就要离开此地，去别处"旅行"了。我很怀念。

杨　彬

2008 年秋于吉大逸夫楼